Inspiralisiert

Inspiralisiert

Nudeln, Reis und Snacks aus Gemüse

ALI MAFFUCCI

FOTOS VON EVAN SUNG

riva

Bibliografische Information der Deutschen Nationalbibliothek

Die Deutsche Nationalbibliothek verzeichnet diese Publikation in der Deutschen Nationalbibliografie. Detaillierte bibliografische Daten sind im Internet über http://dnb.d-nb.de abrufbar.

Für Fragen und Anregungen:
info@rivaverlag.de

1. Auflage 2016

Die englische Originalausgabe erschien 2015 bei Crown Publishing Group unter dem Titel *Inspiralized.*

Übersetzung: Birgit Gläser
Umschlaggestaltung: Laura Osswald, in Anlehnung an das Cover der US-Ausgabe von La Tricia Watford
Umschlagabbildung: Evan Sung
Fotos Innenteil: Evan Sung
Innenlayout: in Anlehnung an das Layout der US-Ausgabe von Ashley Tucker
Satz: inpunkt[w]o, Haiger
Druck: Firmengruppe APPL, aprinta Druck, Wemding
Printed in Germany

ISBN Print 978-3-86883-784-1
ISBN E-Book (PDF) 978-3-95971-046-6
ISBN E-Book (EPUB, Mobi) 978-3-95971-047-3

Weitere Informationen zum Verlag finden Sie unter

www.rivaverlag.de

Beachten Sie auch unsere weiteren Verlage unter www.muenchner-verlagsgruppe.de

Leben ist die Kombination aus Magie und Pasta.

—**FEDERICO FELLINI**

Einige werden mit einem silbernen Löffel im Mund geboren, andere mit einem aus Plastik und wieder andere mit gar keinem. Was mich betrifft, triefte der meinige ohne jeden Zweifel vor Tomaten-Basilikum-Sauce.

Dieses Buch ist meinen italienisch-amerikanischen Großeltern gewidmet, die über das Essen Liebe und Freude in unsere Familie brachten. Danke dafür, dass ihr uns so viel Spaß am Kochen und natürlich vor allem am Essen geschenkt habt.

Besonderer Dank gebührt:
Meiner **Mutter** für ihre niemals nachlassende Unterstützung, ihre Liebe und ihr Vertrauen in mich.
Meinem **Vater** dafür, dass er mich gelehrt hat, für meine Ziele hart zu arbeiten.
Lu, der mich zu »Inspiralized« inspiriert hat und Tag für Tag mein Vorkoster war. Ich liebe dich.
Meiner Großmutter Ida, auf die mein Wissensdurst zurückgeht.
Meinen *»inspiralisierten«* Lesern: Dank eurer loyalen Unterstützung und Treue wurde dieses Kochbuch Realität.

Und natürlich allen, die Pasta und Kohlenhydrate lieben. *Salute!*

INHALT

EINFÜHRUNG

Hätte ich jedes Mal, wenn meine Großeltern sagten: »Wir machen Diät – keine Pasta mehr, kein Wein und kein Käse«, einen Dollar bekommen, hätte ich nicht zu Hause gesessen, um dieses Buch zu schreiben. Ich würde mit meinen Reichtümern auf einer Insel leben.

Das sonntägliche Abendessen bei meinen Großeltern väterlicherseits war immer ein ganz besonderes Ereignis. Meine süße Großmutter – die zur Messe stolz ihr bestes Sonntagsgewand anzog und mir den Mund mit Seife auswusch, wenn ich »pissen« statt »Pipi machen« sagte – ließ immer irgendetwas im Ofen anbrennen. Außerdem lief sie ständig mit einem Löffel durch die Küche, von dem es auf den gefliesten Küchenboden tropfte. Doch in dem ganzen Chaos schaffte es mein Großvater mit seinem großen Goldring am kleinen Finger, seiner markanten Nase und der überwältigenden Liebe zu seinem Heimatland jedes Mal, einen makellosen Fleischklops oder das perfekte Pesto zu zaubern.

Das Kochen an sich war immer die Hauptsache. Das Fest fing nicht damit an, dass alle zum Abendessen eintrafen – es begann, als der erste Schuss Olivenöl in der Pfanne landete und den Auftakt für ein wunderbares, köstliches italienisches Essen bildete. Wir wurden alle einbezogen, nicht nur durch den Duft der frisch zubereiteten, leise vor sich hin köchelnden Marinara-Sauce, sondern auch durch das Klirren der mit körperreichem Rotwein gefüllten Weingläser und die Songs von Opis bevorzugtem Frank-Sinatra-Album (wenn er sie nicht mit seinem eigenen Gesang übertönte). Der Anblick meines Großvaters, wie er meine Großmutter zu den Klängen von »That's Amore« herumwirbelte, ist unvergesslich.

Das Essen war das nächste Schauspiel. Mein Vater tat alles, um das letzte Stück Brot zu erwischen, damit er den letzten Rest Sauce auf seinem Teller aufnehmen konnte – Gnade uns Gott, wenn wir einen Tropfen übrig ließen. Der Wein floss reichlich und meine Großmutter stand immer wieder auf, um noch etwas auf den Tisch zu bringen, sei es Olivenöl, mehr Brot oder frisch geriebener Parmesan. Ganz gleich, ob sich die Unterhaltung um positive oder negative Dinge drehte, waren wir immer guter Stimmung, einfach weil wir aßen.

Wir schwelgten in Pasta, Fleisch, Wein und Käse, bis uns fast schlecht war – trotzdem ließen wir nie den Nachtisch aus. Und der bestand immer aus einer Auswahl an italienischem Gebäck von einer *molto bene* Bäckerei – Biscotti, Sfogliatelle und Pignoli. Ich persönlich mochte Cannoli und Sambuca am liebsten: den Geschmack der kleinen Espressobohnen in süßem Likör mit Anisaroma, dazu das dekadente, mit Ricotta gefüllte Gebäck. Wenn wir uns dann von meinen Großeltern verabschiedeten, hatten wir unser Gewicht in Kohlenhydraten zu uns genommen, doch wir waren glücklich.

Meine Großeltern brachten uns jedes Mal zur Haustür und winkten uns von dort aus zum Abschied nach, bis wir aus der Einfahrt herausgefahren waren. Jeder freute sich schon auf den nächsten Sonntag.

Als ich die Gelegenheit hatte, ein Auslandssemester zu machen, wählte ich natürlich Italien. Ich aß jeden Tag so, wie ich es von den Sonntagen bei meinen Großeltern her gewöhnt war. Ich verdrückte Pizzas, schwelgte in aromatischem Chianti, futterte mich durch Tomaten mit Mozzarella, vertilgte riesige Portionen Pasta bolognese und tunkte frisches Semolina-Brot in alles, was ich erwischen konnte. Ich hätte ebenso gut Olivenöl direkt aus der Flasche trinken können. Als ich wieder nach Hause kam, wurde ich mit den Konsequenzen meiner Völlerei konfrontiert: Der

Zeiger der Waage war in die Höhe geschossen. Ich hatte während meines »Genuss-Semesters« in Europa beschämende 18 Pfund zugelegt – und seit dem Beginn meines Studiums mittlerweile 45 Pfund. Als ich diese Zahl sah, wusste ich, dass etwas passieren musste.

Ich ging nicht zu hart mit mir ins Gericht, da ich ja immerhin unter dem Abschied von *La Dolce Vita* litt. Dann gab mir meine Freundin Sarah ein Buch – sitzen Sie gut? – über vegane Ernährung. Obwohl ich den schmerzlichen Abschied von Würsten, Mozzarella, üppigem Pesto, Fleischbällchen, Hartweizenpasta und Weißbrot fürchtete, ließ ich mich rasch von den Aussichten auf schlanke Arme und schmale Oberschenkel begeistern. Im August 2008 begann meine zwei Jahre dauernde vegane Phase, und sie funktionierte: Ich verlor fast 55 Pfund und bekam die Arme und Oberschenkel meiner Träume. Es gab dabei nur ein großes Problem: Das sonntägliche Abendessen bei meinen Großeltern war von nun an nicht mehr das, was es einmal war. Als ich meiner Familie sagte, ich sei Veganerin, hätte ich ihnen auch erzählen können, dass ich in den entlegensten Winkel dieser Erde ziehen würde. Vollkornpasta und Mehrkornbrot kamen im Vokabular meines Großvaters einfach nicht vor. Glücklicherweise behielt die bedingungslose Liebe meiner Großeltern die Oberhand und sie bereiteten für mich spezielle Gerichte zu: mehr Gemüse, Vollkornspaghetti und Pasta Fagioli. Und doch war es nicht mehr dasselbe.

Da ich mich nun vegan ernährte, lernte ich, kreativ und gesund zu kochen, entdeckte neue Nahrungsmittel und eignete mir viel Wissen über die Ernährung mit frischen, unverfälschten Produkten und die damit verbundenen enormen gesundheitlichen Vorteile an. Als Italo-Amerikanerin und Liebhaberin von Pasta und leckerem Essen hatte ich noch immer Schwierigkeiten mit der Größe meiner Essensportionen – bis mir meine Mutter den Spiralschneider zeigte. Danach veränderte sich mein Leben.

Wie fing nun alles an?

Meine Mutter ist Typ-1-Diabetikerin. Diese Art des Diabetes beginnt oftmals schon in der Kindheit. Man bezeichnet sie als insulinabhängigen Diabetes, da die Bauchspeicheldrüse dabei zu wenig oder gar kein Insulin produziert – ein Hormon, das im Normalfall Glukose (Zucker) in Energie umwandelt. Wird er nicht entsprechend behandelt, kann dieser chronische Diabetes zu ernsthaften Gesundheitsproblemen führen, etwa zu Nierenversagen, Erblindung, Nervenschädigungen, tödlichen Herzerkrankungen und Schlaganfällen. Für den Diabetes gibt es viele verschiedene Ursachen. Bei meiner Mutter entwickelte er sich aus einem Schwangerschaftsdiabetes. 2012, als ich in Hoboken, New Jersey, lebte, konsultierte sie einen Gesundheits-Coach, der ihr vorschlug, sich rohvegan zu ernähren – eine Kost, die nicht nur auf jegliche tierischen Produkte verzichtet, sondern auch auf Lebensmittel, die bei mehr als 48 °C gekocht werden.

Einige Wochen später, während eines Urlaubs in Florida, suchte sie nach rohveganen Restaurants und fand tatsächlich eines in der Nähe. Sie hatte vor, die rohvegane Ernährung zunächst in Restaurantqualität auszuprobieren, bevor sie sich diesem Lebensstil verschrieb. Sie bestellte einen »Dragon Bowl«, bei dem in der Zutatenliste unter anderem von Zucchini-Nudeln die Rede war. Meine Mutter war beeindruckt und positiv überrascht – so sehr, dass sie mir gleich von diesem Gericht erzählte. Sie wollte diese Zucchini-Nudeln zu Hause nachmachen, wusste aber nicht, wie sie das anstellen sollte.

Ein paar Monate später gingen wir in New York City in ein Rohkost-Biorestaurant namens *Pure Food and Wine*. Wir genossen ein unglaublich leckeres Mahl und meine Mutter beschloss, zukünftig mehr vegane und pflanzenbasierte

Nahrungsmittel auf ihren Speiseplan zu setzen. Sie kaufte das vom Restaurant herausgegebene Kochbuch und darin entdeckte sie den Spiralschneider. Eines der Rezepte in dem Buch war das für Zucchini-Nudeln.

Meine Mutter bestand darauf, dass ich diese Nudeln kosten sollte, aber ich war skeptisch: Wie sollte eine Gemüse-Nudel wie Pasta schmecken, insbesondere jemandem, der mit so viel Pasta aufgewachsen war? Dann, an einem Sonntagabend, bereitete sie für mich ein Gericht mit Zucchini-Nudeln zu. Ich war geplättet. Ich hatte etwas erwartet, was entweder knackig und roh oder matschig und zu lange gekocht war, doch was ich schließlich im Mund hatte, besaß die gleiche geniale Konsistenz wie Pasta al dente. Hand aufs Herz, bei geschlossenen Augen hätte ich gedacht, sie hätte mir echte Spaghetti serviert!

Da ich ständig nach neuen Wegen für gesundes Essen Ausschau hielt, war ich fasziniert. Und was am Allerwichtigsten war: Ich bedauerte, dass ich dies nicht schon längst ausprobiert hatte. Ich entschuldigte mich für meine Dickköpfigkeit und bedankte mich bei meiner Mutter. Als ich nach Hause ging, gab sie mir ihren Spiralschneider mit und kaufte sich einen neuen.

Am nächsten Tag konnte ich es kaum abwarten, bis ich nach der Arbeit nach Hause gehen und mir zum Abendessen Zucchini-Nudeln machen konnte. Ich entschied mich für Tomaten-Basilikum-Pasta mit Cannellini-Bohnen, gerösteten Artischocken und Shrimps. Innerhalb kürzester Zeit war ein Pastagericht fertig, das wenig Kalorien und wenig Kohlenhydrate hatte und dennoch nahrhaft war. Und es schien völlig natürlich zu sein. Obwohl mir meine Mutter die Zucchini-Nudeln als Ersatz für Spaghetti verkauft hatte, erkannte ich das weitaus größere Potenzial dieser »Nudeln«. Sobald ich begann, die Kurbel meines Spiralschneiders zu drehen, schossen mir die Rezeptideen nur so in den Kopf.

Lu, damals noch mein Freund, ahnte nicht im Geringsten, was ich in der Küche trieb, bis ich ihn eines Tages mit einer meiner Kreationen überraschte. Er hatte nur Hunger, wie gewöhnlich. Als ich fertig gekocht hatte, kostete ich das Gericht und wusste, dass es etwas ganz Besonderes war. Lu nahm den ersten Bissen, warf den Kopf zurück und stieß ein überzeugendes »Mmmm!« aus.

»Echt super, oder?«, fragte ich aufgeregt.

Er antwortete sofort: »Wieso weiß das eigentlich kaum jemand?«

Während der nächsten drei Monate konnte ich an nichts anderes als an meinen Spiralschneider denken. Wenn ich am Wochenende in ein Café ging, nahm ich meinen Laptop mit, um Rezepte zu notieren, und sobald ich nach Hause kam, wollte ich nichts anderes, als sie am Abend auszuprobieren. Ich fühlte einen wahren Schaffensdrang in mir. Nach jahrelanger Arbeit in einem starren Unternehmensgefüge hatte ich endlich ein Ventil gefunden: Der Spiralschneider hatte mich inspiriert! Man kann es auch einfach mit einer Wortschöpfung sagen, ich fühlte mich »inspiralisiert« und hatte den Wunsch, auch andere zu »inspiralisieren«.

Je häufiger ich Mahlzeiten mit dem Spiralschneider zubereitete, desto überzeugter wurde ich von dem Potenzial dieser Methode. Ich begann, Bilder meiner Spiralschneider-Gerichte in den sozialen Medien zu posten, und bekam viel Resonanz von meinen Freunden, die nach den Rezepten fragten. Als ich ihnen schrieb, dass ich die Nudeln mithilfe eines Spiralschneiders herstellte, legten sie sich so ein Gerät zu und machten sich ans Werk. Ich sorgte in meinem sozialen Netzwerk für Begeisterung, daher wusste ich, die Idee würde ebenso schnell auch in anderen Kreisen Verbreitung finden.

All denjenigen, die gerade eine Low-Carb-Diät durchzogen, konnte ich sagen, dass Pasta- und Nudelgerichte wieder erlaubt waren – und das nicht nur an »Schummeltagen«. Darüber freute ich mich ganz besonders. Denn genau wie sie war ich der grünen Säfte und der eintönigen mageren Eiweiß- und Gemüsekost zum Abendbrot müde. Außerdem gelang es mir nicht, wirklich diätfreundliche Lebensmittel zu finden, die auch noch supergut schmeckten. Aber jetzt hatte ich den Schlüssel zum Erfolg in der Hand!

Als ich begann, im Internet nach Rezepten mit in Spiralstreifen geschnittenen Zutaten zu suchen, stieß ich nur auf rohe oder vegane Gerichte oder auf eine Kombination aus beiden. Die einzigen Rezepte, die ich fand, basierten auf nur drei Gemüsesorten: auf Möhren, Gurken und Zucchini. Noch niemand hatte das wahre Potenzial des Spiralschneiders erkannt.

Schließlich marschierte ich im Juni 2013, nachdem ich meinen ganzen dafür notwendigen Mut zusammengenommen hatte, in das Büro meines Chefs und kündigte meinen Job. Dann eilte ich quietschfidel nach Hause und sicherte mir den Domainnamen Inspiralized.com. Am nächsten Morgen ging ich in ein Café auf der gegenüberliegenden Straße, klappte meinen Laptop auf, schrieb meinen ersten Blog-Beitrag – ohne die leiseste Idee, wie man einen Blog ins Leben ruft – und fing an, einen Businessplan zu entwerfen.

Um Rezepte zu entwickeln und zu testen, die allen Essern gerecht werden, probierte ich alles aus, von vegan über pescetarisch bis hin zu omnivor. Meine Lieblingslebensmittel wieder auf meinen Speiseplan zu setzen, machte mir keine Angst, sondern ich freute mich darüber. Ich begab mich auf eine kulinarische Entdeckungsreise, die es mir ermöglichte, meinen Taillenumfang im Griff zu behalten. Der Schlüssel dazu war mein Wissen über Nahrungsmittel, das ich in diese neue Art des Kochens mit dem Spiralschneider einbrachte. Ich bin dadurch schlanker geworden, meine Haut strahlt und ich habe mehr Energie als je zuvor.

Und das Wichtigste? Das sonntägliche Abendessen bei meinen Großeltern ist wieder so beglückend und köstlich, wie es immer war.

LASSEN SIE SICH »INSPIRA-LISIEREN«

Erlauben Sie sich und Ihrem Essen, »inspiralisiert« zu werden – entdecken Sie eine gesunde und inspirierte Variante der Originalgerichte! Wenn Sie Nudeln und Reis, die aus Gemüse bestehen, in Ihre Kost integrieren, werden Sie fast sofort positive Auswirkungen bemerken: strahlende Haut, bessere Verdauung, mehr Energie und generelle Zufriedenheit beim Essen. Sie werden kein Verlangen mehr nach Kohlenhydratbomben, Zucker oder verarbeiteten Lebensmitteln verspüren. Ihr Körper wird so zufrieden und gut ernährt sein, dass Sie echte Pasta bzw. Nudeln und echten Reis völlig vergessen und dafür nach mehr mageren, unverfälschten und unverarbeiteten Nahrungsmitteln verlangen. Und – ganz wichtig – Sie werden Lust bekommen, eigene Rezepte zu erfinden, ganz gleich ob dies nun bedeutet, dass Sie die klassischen bzw. Ihre Lieblingsrezepte anpassen oder mit neuen Ideen experimentieren. Sie werden sehen, dass es Sie drängt, nach Hause zu kommen und Neues auszuprobieren.

Übrigens: In der Rezeptsprache versteht man unter »Gemüse-Nudeln« oder »Gemüse-Reis« normale Nudeln oder normalen Reis mit Gemüse als Zutat. Genau genommen müsste ich jetzt dauernd von »Nudeln, Pasta oder Reis, die aus Gemüse bestehen« reden. Was ziemlich umständlich wäre, zumal klar sein dürfte, worum es in diesem Buch geht. Doch dieser Hinweis sei der Genauigkeit geschuldet.

Der gesundheitliche Nutzen

Heutzutage ist das Wort »gesund« ein relativer und verwirrender Begriff geworden. Wir wissen nicht mehr, was wirklich gesund ist, und beziehen diese Bezeichnung häufig auf strenge Diäten, denen wir eher folgen als darauf zu achten, was für unseren eigenen Körper am besten ist. Natürlich können strenge Richtlinien einigen von uns dabei helfen, beim Abnehmen am Ball zu bleiben oder eine Krankheit zu behandeln. Ganz gleich, welche Einstellung Sie zum Essen haben: Sie werden kaum eine Ernährungsstrategie finden, die nicht dafür plädiert, mehr Gemüse zu verzehren.

Wenn Sie mehr Gemüse in Ihre Kost integrieren, sind die gesundheitlichen Vorteile immens. Hierzu gehören:

HÖHERE AUFNAHME VON BALLASTSTOFFEN: Die im Gemüse enthaltenen Ballaststoffe tragen dazu bei, den Cholesterinspiegel im Blut zu senken, und können daher das Risiko für Herzerkrankungen mindern. Außerdem fördern sie das Sattheitsgefühl bei einer verringerten Kalorienzufuhr, wodurch das Abnehmen erleichtert und die Gesundheit gefördert wird.

GRÖSSERE NÄHRSTOFFDICHTE: Einfach ausgedrückt, enthält Gemüse jede Menge Nährstoffe. Die Vitamine A und C tragen zur Gesundheit der Haut bei und stärken das Immunsystem. Kalium und Folsäure unterstützen die Muskelfunktion und den Zellaufbau im Körper. Insgesamt sorgen diese Nährstoffe dafür, dass Ihr Körper optimal funktioniert und Sie sich wohl und leistungsfähig fühlen.

KRANKHEITSPRÄVENTION: Viele Studien zeigen, dass eine gemüse- und obstreiche Kost die Aufnahme von Zucker in den Blutstrom verlangsamt, wodurch das Risiko für Diabetes herabgesetzt wird. Außerdem trägt eine Ernährung mit reichlich Gemüse und Obst dazu bei, dass sich fetthaltige Substanzen nicht an den Blutgefäßwänden ablagern, und vermindert so die Gefahr von Herzerkrankungen.

Stellen Sie sich vor, Sie würden sich nach dem Genuss eines großen Tellers Hartweizenpasta weder unwohl noch lethargisch fühlen. Sie hätten kein Bedürfnis, sich hinzulegen, sondern ganz im Gegenteil Lust, mit Ihrer Dinner-Verabredung tanzen oder spazieren zu gehen. Anstatt sich schuldig zu fühlen, schwach geworden zu sein, hätten Sie den Eindruck, Ihrem Körper etwas Gutes getan zu haben. Genau so fühlt es sich an, wenn Sie einen Teller Gemüse-Nudeln essen – der gleiche fantastische Geschmack, aber mit einem sehr viel besseren Nachklang.

Keine Angst, ich will nicht darauf hinaus, dass Sie nie wieder einen Teller normale Pasta oder normalen Reis essen sollten. Kohlenhydrate leisten einen wesentlichen Beitrag zu einer gesunden und ausgewogenen Ernährung und sollten täglich in der empfohlenen Menge verzehrt werden. Damit ihre gesundheitlichen Vorzüge voll zur Geltung kommen, sollte man sie jedoch in möglichst wenig verarbeiteter Form genießen. Reichert man eine Mahlzeit beispielsweise durch in Spiralstreifen geschnittene Süßkartoffeln an, ist dies ein wirkungsvoller Weg, um an unverfälschte Kohlenhydrate zu kommen. Besuchen Sie jedoch gerade ein Restaurant und haben Lust auf einen Teller Spaghetti bolognese, nur zu – alles in Maßen, lautet die Devise.

Pasta im Vergleich zu Gemüse-Nudeln

	PORTIONSGRÖSSE	KALORIEN	KOHLENHYDRATE	EIWEISS	FETT
Hartweizenspaghetti	140 g	221	43 g	8 g	1,3 g
Möhren-Nudeln	190 g	77,9	19 g	1,7 g	0,4 g
Gurken-Nudeln	398 g	30,4	6,84 g	1,14 g	0,19 g
Beten-Nudeln	150 g	64,5	15 g	2,4 g	0,3 g
Butternusskürbis-Nudeln	180 g	81	21,6 g	1,8 g	0,18 g
Kohlrabi-Nudeln	385 g	71,82	15,96 g	4,5 g	0,27 g
Zucchini-Nudeln	245 g	41,7	7,6 g	2,9 g	0,7 g

Nährwertangaben: herkömmliche Pasta versus Gemüse-Nudeln

Lassen Sie uns jetzt zu den Fakten und Zahlen kommen, die hinter allem stehen. Ein Vergleich der Nährwertangaben zwischen herkömmlicher Hartweizenpasta und den gängigsten in Spiralstreifen geschnittenen Gemüse-Nudeln zeigt die großen Unterschiede. In der nachfolgenden Tabelle wird eine angemessene Portion Gemüse-Nudeln mit der empfohlenen Menge an Hartweizenpasta verglichen. Wenn Sie ein Pastagericht im Restaurant essen, bekommen Sie übrigens oftmals doppelt oder dreimal so viele Nudeln wie in der Tabelle empfohlen!

Alle Portionsangaben für die unterschiedlichen Varianten von Gemüse-Pasta basieren auf einer großzügig bemessenen Schale (tiefer Teller) ungekochter Gemüse-Nudeln. In gegartem Zustand entspricht diese Gemüse-Nudel-Menge 1,5 bis 2 großzügig abgemessenen Tassen mit einem Volumen von 250 ml, was dem Inhalt eines gängigen Kaffeebechers entspricht. Lassen Sie sich von den genauen Grammangaben in der Tabelle nicht irritieren, dabei geht es um Vergleichswerte, die für die Nährstoffberechnung nötig sind. Ihre Gemüse-Nudeln-Portionen brauchen Sie nicht grammgenau abzumessen. In meinen Rezepten orientiere ich mich an bewährten Mengen, die ich selbst ausprobiert und für gut befunden habe.

Der Einsatz des Spiralschneiders ermöglicht es Ihnen natürlich auch, verschiedene Gemüsesorten zu kombinieren und auf diese Weise unterschiedliche Kombinationen von Vitaminen und Mineralstoffen zu bekommen. So können Sie Mahlzeiten kreieren, die auf Ihre eigenen Ernährungsbedürfnisse zugeschnitten sind, was mit normaler Pasta und normalen Nudeln nicht funktioniert. Wer beispielsweise unter einem Eisenmangel leidet, tut sich mit in Spiralstreifen geschnittenen Kartoffeln und Brokkoli viel Gutes, da beide Gemüse einen hohen Eisengehalt aufweisen. Wenn Sie dann noch Spinat und ein paar Bohnen hinzufügen, haben Sie mehr als genug Eisen in ein köstliches Gericht gepackt. Ist das auch mit normaler Pasta möglich? Gewiss nicht.

Täglicher Gemüsekonsum

Wir werden ständig aufgefordert, Gemüse zu essen. Nun, ich habe gute Nachrichten für all diejenigen, die Gemüse eher skeptisch gegenüberstehen. Indem Sie Gemüse-Nudeln oder Gemüse-Reis essen, nehmen Sie locker die pro Tag empfohlene Menge an Gemüse auf – aber ohne dass es auch so schmeckt. Anstatt das Gemüse widerwillig in einem Smoothie zu pürieren oder es in Form eines langweiligen Beilagensalates zu verzehren, können Sie es in ein richtig leckeres Essen integrieren. Ganz im Ernst: Wenn Sie einen großen Teller Zucchini- oder Butternusskürbis-Nudeln mit cremigem Basilikum-Pesto genießen, kommen Sie auf die täglich empfohlene Menge an Gemüse – aber es schmeckt so, als würden Sie dekadente Spaghetti vertilgen.

Was den generellen gesundheitlichen Aspekt von Gemüse und Obst betrifft, hat die Deutsche Gesellschaft für Ernährung (DGE) eine klare Empfehlung, die auch von der Weltgesundheitsorganisation (WHO) anerkannt wird: »Täglich mindestens 5 Portionen Gemüse und Obst essen (3 Portionen Gemüse und 2 Portionen Obst). Das entspricht täglich rund 400 g Gemüse (z. B. 200 g gegartes Gemüse und 200 g Rohkost/Salat) und etwa 250 g Obst.«

Dieses Ziel erreichen Sie locker mit köstlichen Gemüse-Nudeln, ohne einen grünen Saft oder irgendwelchen gedämpften Brokkoli herunterwürgen zu müssen.

Kurzum: In Spiralstreifen geschnittenes Gemüse kann als Pasta, Nudeln oder Reis getarnt und auf diese Weise in beliebter und allgemein geschätzter Art und Weise serviert werden. Gut verstecken lässt es sich überraschenderweise auch

- **IN EINER FRITTATA** (Chorizo-Avocado-Zucchini-Frittata, Seite 36)
- **IN EINER SUPPE** (Nudelsuppe mit Hühnchen und Möhren, Seite 76)
- **IN NACHOS** (Pikante Nachos aus Butternusskürbis, Seite 60)
- **IN SUSHI** (Nori-Röllchen mit Rote-Bete-Reis, Seite 106)
- **IN EINEM DESSERT** (Mandelbutter-Riegel mit Pekannüssen, Möhren und Schokoguss, Seite 194)

Das sind nur einige der vielen einfallsreichen Möglichkeiten, Gemüsestreifen und -spiralen einzusetzen. – Das ganze Buch ist voll davon! Sie werden schnell herausfinden, was für Sie am besten funktioniert.

FAMILIEN- UND KINDGERECHTES KOCHEN

So viele Eltern stöhnen: »Ich kann mein Kind nicht dazu bringen, Gemüse zu essen!« Nun, welches Kind mag keine Spaghetti? Die meisten Kinder lieben Nudeln – ganz gleich, ob sie sich die Teigwaren im Alter von einem Jahr mit den Händen in den Mund stopfen oder mit vier Jahren eine Gabel dafür nehmen. Bereiten Sie einfach einen Teller Zucchini-Nudeln mit Tomatensauce zu und beobachten Sie, wie Ihr kleiner Hosenmatz reinhaut – er oder sie hat keine Ahnung, dass es sich dabei um das »eklige« Grünzeug handelt. Sollte es mit den Zucchini-Spaghetti nicht klappen, bereiten Sie Hörnchennudeln aus Möhren zu und servieren sie mit einer leichten Käsesauce (siehe Seite 131). Wenn Sie bereits wissen, wie man spiralisierte Gemüse-Brötchen herstellt (siehe Seite 26), können Sie aus herzgesundem Gemüse wie etwa Süßkartoffeln leckere Sandwiches zubereiten. Für einen gesunden Snack nach der Schule punkten Sie mit Obst und Gemüse gleich doppelt, nämlich mit dem Apfel-Kartoffel-Käsebrötchen (Seite 119). Schwören Sie auf das altbewährte Hühnersüppchen, das kranken Kindern so gut tut? Nur zu, die Nudelsuppe mit Hühnchen und Möhren (Seite 76) hilft, Ihr Kind wieder gesundzupflegen. Anstelle der üblichen Nudeln sind darin Möhren-Nudeln enthalten, die uns mit Betacarotin versorgen, einem schlagkräftigen Phytonährstoff, der das Immunsystem zur Bildung von Immunzellen anregt. Doch das bleibt unser kleines Geheimnis.

Was noch besser ist: Kleine Kinder und auch größere lieben es, wenn sie beim Spiralschneiden mitmachen dürfen. Wer wäre nicht davon fasziniert, wie sich Gemüse auf fast magische Art und Weise in Nudeln verwandelt? Es gibt keinen besseren Weg, um Ihre Kinder mit gesunden Essgewohnheiten vertraut zu machen, als sie in der Küche mithelfen zu lassen. So lernen Ihre Kinder ganz nebenbei, dass Gemüse Spaß macht.

Die Essenszubereitung mit dem Spiralschneider geht schnell und ist daher familienfreundlich. Wenn Sie Fußballtraining, Tanzaufführungen, Hausaufgaben und so weiter unter einen Hut bringen wollen, haben Sie nicht viel Zeit, um nahrhafte Gerichte zu zaubern. Aber es dauert nur rund 30 Sekunden, um eine Zucchini in Spiralstreifen zu schneiden und nur 2 bis 3 Minuten, um die Gemüse-Nudeln al dente zu garen – bei Hartweizenpasta beträgt die Kochzeit im Schnitt 10 bis 15 Minuten. Um wirklich Zeit zu sparen, können Sie die Gemüse-Nudeln auch im Voraus zubereiten. Wie das geht, erfahren Sie in den Tipps auf den Seiten 28 bis 29.

AUF DIE PLÄTZE, FERTIG, SPIRALE MARSCH!

So, und wie funktioniert das Ganze nun genau? Schauen wir uns an, was Sie wissen müssen, um in Ihrer eigenen Küche mit der Produktion von Spiralen und Spaghetti aus Gemüse und Obst zu beginnen.

Was sollten Sie wissen?

Eines der besten Dinge beim Spiralschneiden besteht darin, dass Sie dadurch auf neue Gemüse- und Obstsorten stoßen. Früher oder später fragen Sie sich im Supermarkt: »Lässt sich das in Spiralen oder Spaghetti schneiden?« Vielleicht stoßen Sie auf etwas, was Sie noch nie zuvor ausprobiert oder gekannt haben. Mit folgenden Richtlinien werden die Dinge klar.

Das Gemüse oder Obst muss fest sein und darf weder einen harten Stein noch viele kleine Samen im Fruchtfleisch oder eine Höhlung in der Mitte haben. Eine Ausnahme bildet der Butternusskürbis, in dessen unterem gewölbtem Teil sich viele Samen zusammenballen. Schneiden Sie diesen Teil einfach ab, bevor Sie den Kürbis in Spiralstreifen schneiden, der verbleibende Rest reicht völlig aus.

Damit sich das Gemüse mit dem Spiralschneider optimal in Form bringen lässt, sollte es einen Durchmesser von mindestens 3,5 bis 4 cm haben. Ist das Gemüse kleiner, wird es schwierig, perfekte pastaartige Gemüsefäden zu erzielen, stattdessen bekommen Sie halbmondförmige Scheiben. Je größer der Durchmesser, desto besser.

Das Gemüse oder Obst sollte mindestens 3,5 bis 4 cm lang sein. Auch wenn Sie dabei nicht viele Gemüse-Nudeln dieser Länge herausbekommen, sollten Sie keine kürzeren Stücke verwenden, da der Ausschuss sonst zu groß und das Gemüse zu großen Teilen verschwendet wird bzw. anderweitig genutzt werden muss.

Das Gemüse oder Obst darf im Inneren weder weich noch saftig sein. Falls Sie das Gemüse nicht schälen, sollte die Außenhaut fest sein. Wird die Schale entfernt, muss das Innere dicht und kompakt sein. Wenn Sie beispielsweise versuchen, eine saftige Ananas in Spiralstreifen zu schneiden, wird die Frucht auseinanderfallen.

Auf den ersten Blick scheint sich die Aubergine für den Spiralschneider zu eignen. Doch mit ihrem weichen Fruchtfleisch und ihren winzigen Samen widersetzt sie sich den Klingen. Wenn Sie eine Aubergine in den Spiralschneider einspannen, bemerken Sie beim Drehen der Kurbel sofort, dass sich die Frucht der Bewegung widersetzt. Das Fruchtfleisch wird eher gehackt und wenn dennoch Nudeln entstehen, sind sie weich und brechen leicht. Eine sehr große Aubergine ergibt nur etwa eine gute Handvoll Nudeln – eine gewaltige Verschwendung. Deshalb rate ich davon ab, Auberginen in Spiralstreifen zu schneiden, und habe sie nicht in dieses Kochbuch aufgenommen.

Was funktioniert nun wirklich gut?

Dies verrät Ihnen die folgende Liste meiner bevorzugten Obst- und Gemüsesorten, die sich gut in Spiralen oder Fäden schneiden lassen und die Grundlage der Rezepte in diesem Buch bilden. Falls Sie die ein oder andere Gemüse- oder Obstsorte in Ihrer Region weder auf dem Markt noch in gut sortierten Lebensmittelläden bekommen, halten Sie sich einfach an die vorhergehenden Richtlinien, um einen Ersatz zu finden. Manchmal hilft auch das Internet, wie im Fall von Jicama, der Yambohne, die lecker schmeckt, aber nur in sehr spezialisierten Läden erhältlich ist. Auch wenn eine Ihnen vertraute Frucht nicht in dieser Liste auftaucht, ziehen Sie die Richtlinien zu Rate, um zu prüfen, ob sie sich für den Spiralschneider eignet.

- Apfel
- Birne
- Brokkoli (nur den Strunk)
- Butternusskürbis
- Chayote
- Gurke
- Gelbe Bete
- Jícama (Yambohne)
- Kartoffel
- Knollensellerie
- Kochbanane
- Kohl
- Kohlrabi
- Möhre
- Pastinake
- Rettich
- Rote Bete
- Steckrübe
- Süßkartoffel (und Yamswurzel)
- Weiße Rübe
- Zucchini und andere Sommerkürbisse
- Zwiebeln

Wenn Sie eine Obst- oder Gemüsesorte auswählen, beachten Sie die Beschaffenheit, die Farbe, die Nährstoffbilanz und natürlich den Geschmack. Auf den Seiten 208 bis 217 finden Sie Informationen zum optimalen Einsatz, zu Vorbereitung, Kochmethoden, Portionsgröße, Nährwert und gesundheitlichen Vorzügen jeder der hier aufgelisteten Obst- und Gemüsesorten.

Wie gehen Sie vor?

Sie wissen inzwischen, warum es gut tut, in Spiralen geschnittenes Gemüse in Ihre Ernährung zu integrieren. Auch ist klar, welche Produkte Sie spiralisieren können und welche nicht – und jetzt geht es an die praktische Ausführung

Vorbereitung

Bevor Sie das Gemüse oder Obst in Ihren Spiralschneider spannen, müssen Sie es vorbereiten. Entfernen Sie Schalen, die nicht essbar sind oder die Sie nicht mögen. Beherzigen Sie aber, dass viele wichtige Vitamine und Nährstoffe in der essbaren Schale von Obst oder Gemüse sitzen.

Die Enden der Frucht oder des Gemüses sollten so gleichmäßig und flach wie möglich sein. Um runde oder spitze Enden zu begradigen, schneiden Sie einfach ein Stück ab.

Stellen Sie fest, dass sich ein spezielles Gemüse nur mühsam in Spiralen oder Fäden schneiden lässt, liegt das vielleicht an der zu kleinen Oberfläche, wodurch sich das betreffende Gemüse schlecht einspannen lässt. Denken Sie daran, dass der Durchmesser mindestens 3,5 bis 4 cm betragen sollte. Auch müssen Sie in dem Bestreben, das Gemüse so flach wie möglich hinzubekommen, nicht nur die Enden begradigen, sondern eventuell auch essbare Teile der Frucht oder des Gemüses abschneiden. Das kann frustrierend sein, doch sollten Sie diese Reststücke aufheben, um Sie beim Kochen anderweitig zu verwenden – oder sie als kleinen Snack nebenbei essen.

Eventuell müssen Sie längliches Gemüse quer halbieren, damit Sie im Spiralschneider eine bessere Hebelwirkung erzielen. Generell sollte alles, was länger als 15 cm ist, halbiert werden. Dies trifft fast immer auf Butternusskürbis zu, mitunter aber auch auf große Süßkartoffeln, Zucchini und Gurken.

Den richtigen Messereinsatz wählen

Ist das Gemüse richtig vorbereitet, kommt der Spiralschneider zum Einsatz. Welchen Messereinsatz Sie wählen, hängt von dem ausgewählten Rezept ab und von der Art der Nudeln, die darin vorgeschlagen werden. Die meisten handelsüblichen Spiralschneider werden mit drei oder vier Messereinsätzen geliefert. In den Rezepten dieses Kochbuchs wird angegeben, welcher Einsatz (Klinge) sich jeweils am besten eignet: A, B, C oder D. Die folgenden Beschreibungen sollen Ihnen helfen, die richtige Klinge auszuwählen:

KLINGE A: Erzeugt dünne, bandartige Nudeln, die an Pappardelle erinnern.

KLINGE B: Erzeugt Nudeln, die an Fettuccine erinnern.

KLINGE C: Erzeugt Nudeln, die an Linguine und Spaghetti erinnern.

KLINGE D: Erzeugt die dünnsten Nudeln, die an Engelshaar erinnern. Dieser Einsatz sollte für dünneres Gemüse verwendet werden. Er kann auch durch Klinge C ersetzt werden.

KLINGE A

KLINGE B

KLINGE C

Mit diesen Buchstaben werden die Klingen des von mir verwendeten Spiralschneiders bezeichnet. Bei anderen Geräten sind die Einsätze nummeriert oder einfach nur abgebildet und beschrieben. Doch auch in der kargsten Bedienungsanleitung dieser Geräte wird klar, welcher Messereinsatz welche Form hervorbringt. Die meisten Klingen haben entweder kammartige Zähne oder dreieckige Dornen. Je geringer der Abstand zwischen den Zähnen ist oder je kleiner die dreieckigen Dornen sind, desto dünnere Nudeln werden geformt. Hat die Klinge gar keine Zähne oder Dornen, handelt es sich meistens um den Messereinsatz A.

Falls Sie noch keinen Spiralschneider haben, können Sie auch mithilfe eines Julienneschneiders oder Gemüsehobels Spaghetti-ähnliche Gemüsestreifen produzieren. Zwar bekommen Sie damit keine langen Nudeln hin, doch ist es allemal ein guter Anfang, um mit Gemüse-Pasta vertraut zu werden.

Mehr als Nudeln

Wenn Sie anfangen, den Spiralschneider einzusetzen, nehmen Sie höchstwahrscheinlich zuerst Pastagerichte in Angriff. Sie werden sich darüber freuen, Gemüse auf eine ganz andere Art kennen- und liebenzulernen – als Star eines Gerichtes und nicht als getreuer Handlanger. Nach einer Weile werden Sie sich jedoch fragen: »Na gut, aber was kommt als Nächstes?« Der Fantasie sind keine Grenzen gesetzt: Sie können jede Mahlzeit »spiralisieren«. Es macht immer Spaß und ist immer wieder überraschend.

Reis aus spiralisiertem Gemüse

Als ich eines Nachmittags ein paar neue Kochmethoden ausprobierte, ließ ich Nudeln aus Butternusskürbis in kochendes Wasser gleiten. Ein großer Fehler: Die Nudeln fielen auseinander und lösten sich quasi auf. Das Experiment war offenkundig schief gegangen – zumindest bis ich plötzlich erkannte, dass die »Nudeln« jetzt genau

Mit Gemüse-Reis kochen

	MENGE ROH (ERGIBT 1 BIS 2 PORTIONEN)	ROH ODER GEKOCHT	GARZEIT (MINUTEN)
Bete (rot oder gelb)	1 mittelgroße Knolle	beides	10
Butternusskürbis	Fruchtfleisch eines mittelgroßen Kürbisses	gekocht	10 bis 15
Daikon-Rettich*	ca. 20 cm lang	beides	5 bis 10
Knollensellerie	mittelgroß, ca. 600 g	beides	10 bis 15
Kochbanane	180 g	gekocht	10 bis 15
Kohlrabi	mittelgroß, ca. 250 g	beides	5 bis 10
Möhre	ca. 200 g	roh	5 bis 10
Steckrübe	400 g	gekocht	10 bis 15
Süßkartoffel	300 g	gekocht	10 bis 15
Weiße Rübe*	450 g	beides	10
Zucchini	ca. 300 g	beides	2 bis 3

*Nach dem Zerkleinern in der Küchenmaschine und vor dem Kochen die überschüssige Feuchtigkeit herausdrücken.

wie Reis aussahen! Ich nahm den Ball auf und kreierte Spanischen Reis mit Schinken und Oliven, gebratenen Süßkartoffel-Reis, Erbsen-Risotto und sogar Kochbananen-Reis mit Bohnen. Rasch erkannte ich, dass diese Technik genauso spannend wie die Herstellung von Gemüse-Nudeln war.

Der Gemüse-Reis macht teure Reiskocher überflüssig, ebenso wie wässrigen Kochbeutelreis oder matschige, mit Konservierungsmitteln belastete Reisgerichte aus dem Tiefkühlregal. Stattdessen können Sie in weniger als 5 Minuten eine vollständig naturreine und nahrhafte Variante auf den Tisch bringen. Durch diesen Trick wird es möglich, viele Ihrer Lieblingsgerichte neu zu erfinden, in erster Linie jene, die einen immer wieder in Versuchung führen. Gefüllte Paprikaschoten, Risottos und Pilaws, Aufläufe, Currys und Paella – was immer Sie wollen. Gemüse-Reis lässt sich aus allen Gemüsesorten herstellen, die man spiralförmig schneiden kann – mit Ausnahme derjenigen, die einen hohen Wassergehalt aufweisen. Die nachfolgende Übersicht zeigt, welches Gemüse den besten Reis liefert und wie lange man die angegebene Menge kochen sollte. Ob Sie die angegebenen Mengen in ein oder zwei Portionen aufteilen, hängt vom Rezept bzw. von Ihrem Appetit ab.

Es gibt viele Möglichkeiten, Gemüse-Reis zu verwenden:

IM OFEN GEBACKEN: Gemüse-Reis macht sich gut in Aufläufen. Man kann ihn roh zufügen und dann langsam garen lassen, bis er durchgekocht ist.

IN DER PFANNE SAUTIERT: Dünsten Sie den Gemüse-Reis mit dem Öl Ihrer Wahl an, wenden Sie ihn gelegentlich und würzen Sie ihn ganz nach Ihrem Geschmack.

IN BRÜHE ODER SAUCE GEKÖCHELT: Fügen Sie den Gemüse-Reis einer leise köchelnden Sauce zu oder gießen Sie Brühe über den Reis und lassen ihn so lange simmern, bis er gar ist.

Gemüse-Brötchen

Meine Vision eines Brötchens, das aus Gemüsestreifen hergestellt wird, entstand im Sommer 2013 während des Ramen-Burger-Hypes in Williamsburg, Brooklyn. In Smorgasburg, einem angesagten Street Food Market in New York, standen Hunderte Menschen an, um einen Ramen-Burger zu ergattern. Diese sehen genauso aus, wie man sich das vorstellt: ein Burger in einem Brötchen, das aus vorgefertigten Ramen-Nudeln (einer kalorienreichen japanischen Nudelsorte) besteht. Als ich das sah, beschloss ich sofort, eine gesündere Variante herzu-

Herstellung von spiralisiertem Gemüse-Reis

Schneiden Sie das rohe Gemüse Ihrer Wahl mit Messereinsatz C oder D in Spiralstreifen. Geben Sie die Streifen in einen Multizerkleinerer (Küchenmaschine) und zerkleinern Sie alles so lange, bis eine reisartige Konsistenz entstanden ist. Handelt es sich um eine Gemüsesorte, die viel Wasser hat, drücken Sie den Gemüse-Reis über dem Spülbecken aus, um vor dem Garen überschüssige Feuchtigkeit zu entfernen.

stellen – und das habe ich auch gemacht (siehe Rezept unten).

Gemüse-Brötchen sind nicht nur glutenfrei, sondern enthalten im Gegensatz zu den herkömmlichen Weizen- oder Kartoffelbrötchen auch jede Menge Nährstoffe. Man kann sie für Burger, normale Sandwiches oder auch als Grundlage für Mini-Pizzas verwenden. Werfen Sie einen Blick auf die nachfolgende Tabelle, die zeigt, welche Gemüse sich am besten für Brötchen eignen und wie viele Brötchen sie jeweils liefern.

Mit Gemüse Brötchen backen

GEMÜSESORTE	MENGE (BRÖTCHEN)
Große Kartoffel (alle Varianten)	2 bis 3
Großer Knollensellerie	3 bis 4
Große Kochbanane	1 bis 2
Große Pastinake	1 bis 2
Große Steckrübe	6

Lassen Sie uns kochen!

Ich bin weder eine ausgebildete Köchin noch habe ich jemals in einer Restaurantküche gearbeitet. Ich habe definitiv schon öfter Fleisch zu Tode gebraten, Eier beim Trennen zerdrückt und bin nicht in der Lage, ganz nebenbei mühelos Knoblauch zu hacken. Aber das macht nichts. Beim Kochen gibt es eigentlich kein Richtig oder Falsch. Wer das Kochen liebt, aber weder die Möglichkeit noch die Lust zu einer Kochlehre hat, kann durch einfaches Ausprobieren schon sehr viel erreichen. Wer anfängt, mit dem Spiralschneider zu arbeiten, hat wirklich Spaß in der Küche, denn zum einen macht das Spiralschneiden Freude und geht leicht von der Hand, zum anderen verwandeln Sie Ihre Mahlzeiten so auf gesunde und überraschende Weise.

Seit ein paar Jahren benutze ich den Spiralschneider fast täglich und noch dazu mehrmals am Tag. Ich habe versucht, jedes auch nur vorstellbare Gemüse und Obst in Spiralstreifen- oder Spaghetti-ähnliche Fäden zu schneiden und dabei jede Menge guter und schlechter Er-

Zubereitung von spiralisierten Gemüse-Brötchen

Das Gemüse Ihrer Wahl mit dem Messereinsatz C in Spiralstreifen schneiden und in einer großen Pfanne sautieren. Nach Belieben würzen. Die Gemüsestreifen in eine mittelgroße Schüssel geben. Ein Ei hinzufügen und die Zutaten mischen, bis sich alles miteinander verbunden hat. Die Mischung in Auflaufförmchen füllen und mithilfe eines Stücks Folie oder Wachspapier mit den Händen in die Förmchen drücken. Die Förmchen 15 Minuten im Kühlschrank ruhen lassen. Anschließend einen Esslöffel Olivenöl auf mittlerer Stufe in einer großen Pfanne erhitzen. Wenn das Öl zu schimmern beginnt, jedes Gemüse-Brötchen aus seinem Förmchen in die Pfanne stürzen. Die Brötchen rund 5 Minuten lang scharf anbraten, bis sie fest und auf beiden Seiten gebräunt sind.

fahrungen gesammelt. In meinen nachfolgenden Tipps und Tricks finden Sie demzufolge jegliche Informationen und Warnungen, die Sie für einen durchweg positiven Einstieg brauchen.

Spiralschneider sofort säubern

Verschiedene Gemüse (Beten, Möhren, Süßkartoffeln) haben eine kräftige Farbe und stecken voller Farbstoffe, Öle und Säfte, die auf Ihrem Spiralschneider Flecken hinterlassen, wenn Sie nicht aufpassen. Ich empfehle die Anschaffung einer runden Handbürste, die nur zum Säubern des Spiralschneiders dienen sollte. Damit wird es leichter, die Klingen zu schrubben und Verfärbungen zu entfernen, bevor sie sich einfressen können. Benutzen Sie Wasser und Spülmittel und säubern Sie das Gerät gleich im Anschluss an seinen Einsatz. Da die Klingen ziemlich scharf sind, sollten Sie eine Bürste mit sehr strapazierfähigen Kunststoffborsten kaufen und möglichst nie gegen den Strich bürsten. Solche Bürsten kosten mehr als normale Spülbürsten, halten dafür aber deutlich länger. Nicht alle Hersteller von Spiralschneidern geben an, welche Teile des Geräts spülmaschinenfest sind. Im Zweifelsfall bleiben Sie besser beim Abwasch per Hand.

Wie man wässrige Zucchini-Nudeln austrickst

Die häufigste Frage, die mir meine Leser per E-Mail stellen, lautet: »Warum schwimmen meine Zucchini-Nudeln in so viel Flüssigkeit?« Wenn Sie dazu eine Sauce auf Tomatenbasis servieren, können Sie kaum vermeiden, dass sich auf Ihrem Teller zusätzliche Flüssigkeit bildet. Je länger die Zucchini-Nudeln in solch einer Sauce ziehen, desto mehr Zeit haben sie, ihre natürliche Feuchtigkeit freizusetzen, wodurch das ganze Gericht wässrig wird. Nun, das ist nicht überraschend, da Zucchini zu 95 Prozent aus Wasser bestehen. Was ist nun die gute Nachricht daran? Wasserreiche Nahrungsmittel reinigen Ihren Körper auf natürliche Art, indem sie pro Tag bis zu einem Liter Flüssigkeit liefern. Da die meisten Gemüse reich an Ballaststoffen und Wasser sind, werden sie schneller verdaut als andere Nahrungsmittel und ermöglichen es dem Körper deshalb, seine Energie zum Abtransport mehr oder weniger giftiger Stoffe anstatt zum Verdauen zu nutzen.

Aber es gibt natürlich auch Möglichkeiten, die sich bildende Menge an Wasser zu begrenzen. Hier verrate ich einige der wichtigsten Tricks und Kniffe:

70 PROZENT NUDELN, 30 PROZENT SAUCE. Legen Sie das Schwergewicht auf die Nudeln – servieren Sie mehr davon oder einfach weniger Sauce.

TUPFEN SIE DAS GEMÜSE VOR DEM KOCHEN GRÜNDLICH TROCKEN. Besonders wichtig ist dies bei Gurken-Nudeln. Wenn Sie die Gemüsestreifen mit Küchenpapier oder einem Küchentuch trocken tupfen, entfernen Sie die überschüssige Feuchtigkeit, die bei der Herstellung von Gemüsestreifen oder -fäden aus dem Fruchtfleisch austritt.

KOCHEN SIE DIE PASTASAUCE STARK EIN. Lassen Sie die Sauce so lange köcheln, bis sie eingedickt und jegliche überschüssige Flüssigkeit verschwunden ist. Hierdurch wird nicht nur der Geschmack intensiver, sondern es gelangt auch weniger Feuchtigkeit an Ihre Zucchini-Nudeln.

ERGÄNZEN SIE DAS GERICHT DURCH ZUTATEN, DIE FEUCHTIGKEIT AUFNEHMEN. Geben Sie Bohnen, Käse, Fleisch und Brösel aus Vollkornweizenbrot dazu. Sie alle nehmen Feuchtigkeit auf und dicken dadurch die Sauce an.

LASSEN SIE DIE ZUCCHINI-NUDELN GUT ABTROPFEN, BEVOR SIE DIE SAUCE DAZUGEBEN. Wenn Sie genügend Zeit haben und zusätzliches schmutziges Geschirr nicht scheuen, garen Sie die Nudeln mit einem Hauch von Öl kurz in einer erhitzten Pfanne. Lassen Sie die Gemüsestreifen in einem Sieb gut abtropfen. Kurz vor dem Servieren und bevor Sie die Sauce darüber geben, tupfen Sie die Zucchini-Nudeln noch mal trocken.

BENUTZEN SIE EINE PASTAZANGE, DAMIT DIE NUDELN BEIM SERVIEREN ABTROPFEN KÖNNEN. Kippen Sie beim Servieren niemals den Inhalt Ihrer Pfanne einfach auf den Teller. Nehmen Sie die servierfertigen Zucchini-Nudeln mit einer Pastazange heraus, um so dafür zu sorgen, dass überschüssige Feuchtigkeit in der Pfanne bleibt oder abtropft.

Die Nudeln mit der Schere kürzen

Ließe sich ein Gemüse völlig problemlos mit dem Spiralschneider schneiden, bekämen Sie eine unwahrscheinlich lange Nudel. Eine Leserin schickte mir einmal ein Video von ihrem Kind, das mit einer Zucchini-Nudel Seilspringen spielte. Lange Nudeln von einem perfekt geraden und gleichmäßigen Gemüse lassen sich jedoch schlecht servieren und portionieren. Um sich das Servieren zu erleichtern, sollten Sie die Gemüse-Nudeln vor dem Garen mit einer Küchenschere kürzen. Ob Sie dabei exakt auf die gleiche Länge achten oder einfach ein Bündel nehmen und nach Augenmaß vorgehen, ist völlig egal. Wie auch immer – das Ergebnis sind kürzere Nudeln, die sich leichter auf dem Teller anrichten und einfacher essen lassen. Wenn Sie diesen Arbeitsschritt vergessen haben, kein Problem, die Gemüse-Nudeln können Sie auch noch nach dem Garen klein schneiden.

Halbmondförmige Nudeln vermeiden

Wenn Sie Gemüse-Nudeln herstellen, werden Sie feststellen, dass der Spiralschneider ab und zu halbmondförmige Formen produziert. Das passiert meistens, wenn das Gemüse nicht mehr richtig zentriert ist. Um dies zu vermeiden, unterbrechen Sie die Arbeit und positionieren Sie das Gemüse oder die Frucht erneut so, dass es genau in der Mitte der zylindrischen Klinge sitzt. Bei kleinerem Gemüse müssen Sie dies vermutlich mehrfach wiederholen. Sorgen Sie auch dafür, dass die Gemüse-Enden flach sind. Ungleichmäßige Endstücke lassen sich nicht richtig in den Spiralschneider einspannen, wodurch sich das Gemüse verschieben und falsch ausrichten kann.

Stehen Sie am Ende dennoch mit einem Haufen halbmondförmiger Stücke da, werfen Sie diese nicht weg. Verwenden Sie den »Ausschuss« in einem Gemüsepasta-Salat, die Stückchen machen sich gut im Dressing und erinnern an Hörnchennudeln.

Vorbereitete Gemüsestreifen aufbewahren

Wer seine Ernährung auf gesündere Kost umstellen möchte, muss bei der Stange bleiben und Versuchungen vermeiden. Machen Sie daher die Essensplanung zu Ihrem besten Freund. Nichts ist schlimmer als der Blick in einen fast leeren Kühlschrank. Wenn das passiert, bestellen Sie vermutlich eine Pizza oder holen sich irgendeinen Fast-Food-Snack.

Um solche Situationen auszuschließen, kann man vorbereitete Gemüse-Nudeln und Gemüse-Reis-Varianten auf Vorrat halten. Jegliche Gemüse-Nudeln lassen sich im Voraus zubereiten und für die zukünftige Verwendung in einem luftdicht verschlossenen Behälter im Kühlschrank oder Gefriergerät aufheben. Legen Sie den Behälter vorher mit Küchenpapier aus.

Alle Gemüse-Nudeln halten sich bis zu 4 Tage lang im Kühlschrank. Nach 4 oder 5 Tagen werden sie jedoch steif und verlieren ihren Geschmack. Von dieser Regel gibt es folgende Ausnahmen:

GURKEN halten sich aufgrund ihres sehr hohen Wassergehalts nur 2 bis 3 Tage im Kühlschrank.

ÄPFEL, BIRNEN UND KARTOFFELN werden braun (oxidieren), wenn man sie in Spiralstreifen schneidet, und lassen sich daher nur schlecht im Voraus vorbereiten.

Gut einfrieren lassen sich zum Beispiel Gemüse-Nudeln aus Süßkartoffeln, Steckrüben, Möhren, Beten, Butternusskürbis, Pastinaken, Knollensellerie, Kohlrabi und Brokkoli-Strünken. Beim Auftauen fallen sie zusammen, wodurch sie sich noch leichter kochen lassen.

Sie können auch die Reste ganzer Mahlzeiten, die mithilfe des Spiralschneiders zubereitet wurden, ein paar Tage lang im Kühlschrank aufheben. Denken Sie jedoch an Folgendes: Je länger Gurken- oder Zucchini-Nudeln im Kühlschrank aufbewahrt werden, desto mehr überschüssige Feuchtigkeit setzen sie im Lauf der Zeit frei. Wenn Sie dieses Gemüse dann wieder erhitzen möchten, gießen Sie zunächst einen Teil der Flüssigkeit ab, damit Sie keine wässrige Sauce bekommen. Bei anderen Gemüse-Nudeln treten in dieser Hinsicht keine Probleme auf.

Die »inspiralisierte« Küche

Bestimmte Küchenutensilien helfen Ihnen, die Rezepte in diesem Buch ganz einfach nachzukochen. Folgende Küchenhelfer erleichtern die Arbeit (nach ihrer Wichtigkeit sortiert):

MULTIZERKLEINERER: Dieses Gerät ist nicht nur erforderlich, um Gemüse-Reis zu produzieren, sondern hilft auch bei der Herstellung von gut durchgemischten Salatdressings, Pastasaucen und Brotbröseln. Die Maschine muss nicht so groß sein, dass sie kaum in die Küche passt – ich benutze eine mit einem Fassungsvermögen von 750 ml, was völlig ausreichend ist.

PASTAZANGE: Um die Gemüse-Nudeln richtig zu garen, brauchen Sie eine Zange, mit der Sie die Streifen wenden können. Dieses Hilfsmittel leistet auch beim Servieren gute Dienste. Ich empfehle ein Modell aus Silikon, weil sich die empfindlichen Gemüsestreifen damit sehr schonend greifen lassen.

HOCHWERTIGES KOCHMESSER: Bevor ich mit dem Kochen anfing, habe ich nie begriffen, warum Küchenprofis so auf ihre Messer fixiert sind, doch inzwischen ist mir ein Licht aufgegangen. Einige Gemüse lassen sich nur unter Mühen schälen und für den Spiralschneider vorbereiten, etwa Knollensellerie, Butternusskürbis und Steckrüben. Ohne ein hochwertiges Messer, das wie von selbst durch das Fruchtfleisch gleitet, wird Ihre Freude am Kochen vermutlich nachhaltig gedämpft.

PFANNE MIT ANTIHAFTBESCHICHTUNG: Alle meine Rezepte setzen eine solche Pfanne voraus, und zwar aus einem ganz einfachen Grund. Wer Gemüse-Pasta in einer normalen Pfanne gart, macht unter Umständen üble Erfahrungen. Die Nudeln bleiben am Boden und Rand kleben, zerreißen und fallen auseinander. Wenn Sie noch keine Pfanne mit Antihaftbeschichtung besitzen, legen Sie sich für den Anfang eine große zu – Sie können Ihre Sammlung später erweitern. Ich empfehle Pfannen mit einem Durchmesser von 20, 24 und 28 cm.

GEMÜSESCHÄLER: Möhren, Beten, Butternusskürbis, Steckrüben, Kohlrabi, Knollensellerie und Kochbananen müssen vor der Verarbeitung mit dem Spiralschneider geschält werden. Andere Gemüse, wie etwa Zucchini, können geschält werden, wenn man weichere Nudeln bevorzugt, notwendig ist dies jedoch nicht. Der Versuch, Gemüse mit dem Messer zu schälen, ist oftmals wenig effizient, mühsam, verletzungsträchtig und zeitintensiv. Ich benutze zwei Gemüseschäler – einen mit Zähnen für Gemüse mit sehr harter Schale und einen ohne Zähne für weichere Sorten wie etwa Zucchini.

RUNDE HANDBÜRSTE: Eine Bürste, die nur zum Säubern Ihres Spiralschneiders dient. Detailliertere Ausführungen finden Sie auf Seite 27.

Zu den weiteren wichtigen Küchenhelfern zählen Pfannenheber, Schneidbrett und mindestens zwei Backbleche. Ebenfalls nützlich, aber unter Umständen entbehrlich sind ein Hochleistungsmixer, ein Langsamkocher und eine Grillpfanne.

Die »inspiralisierte« Vorratshaltung

Wenn Sie in Ihrer Küche leckere Gewürze und Lebensmittel vorrätig halten, geraten Sie beim Einkauf im Supermarkt nicht so schnell in Versuchung, ganz gleich, ob Sie nun mit dem Spiralschneider kochen oder nicht. Viele der folgenden Zutaten tauchen in diesem Kochbuch immer wieder auf, da sie perfekt dafür geeignet sind, Ihre Mahlzeiten mit jeder Menge Geschmack anzureichern – und dies ganz einfach, preiswert und ohne zusätzliche Kalorien, Kohlenhydrate oder Fett ins Spiel zu bringen. Wenn diese Dinge zur Hand sind, können Sie jederzeit ein nahrhaftes Mahl zaubern.

OLIVENÖL EXTRA VERGINE: Als herzgesundes Fett eignet sich Olivenöl hervorragend für alle möglichen Zwecke, angefangen vom Salatdressing bis hin zu Pfannengerichten. Die meisten meiner Rezepte beginnen mit einem Esslöffel Olivenöl, das Ihnen hilft, auf die täglich empfohlene Menge an Nahrungsfett zu kommen. Vergessen Sie jedoch nicht, dass Olivenöl sehr viele Kalorien enthält und nur in begrenzter Menge Verwendung finden sollte, wenn Sie abnehmen möchten.

NATIVES KOKOSÖL: Kokosnüsse sind wahre Nährstoffbomben. In Form von Öl verleihen sie Ihren Mahlzeiten einen leichten Kokosgeschmack und damit verbunden viele Nährstoffe – besonders gut funktioniert das mit Asia-Saucen. Kokosöl ist sehr kalorienhaltig und sollte nur in Maßen konsumiert werden, wenn Sie schlanker werden möchten.

AUSGEWÄHLTE BOHNEN IN DER DOSE: Ich achte immer darauf, dass mein Vorratsregal mit Cannellini-Bohnen, Kichererbsen, schwarzen Bohnen und Pintobohnen bestückt ist. Sie stellen eine schnell und leicht zugängliche Eiweißquelle dar, mit der sich jede Mahlzeit ergänzen lässt.

SALZARME HÜHNER-, RINDFLEISCH- UND GEMÜSEBRÜHE: Mithilfe von Brühe lässt sich jedes Gemüse-Nudelgericht auf gesunde Art mit Geschmack anreichern.

SESAMÖL: Geröstetes Sesamöl eignet sich hervorragend, Asia-Dressings, Pfannengerichten und Suppen Geschmack zu verleihen.

NÜSSE UND SAMEN: Beide Zutaten sind mit gesunden Fetten und Proteinen voll gepackt. Ergänzen Sie damit Gemüse-Pasta- und Reisgerichte oder Salate. Ich streue gern gehackte Pistazien über Zucchini-Pasta oder Kürbiskerne über ein Gemüse-Pasta-Gericht mit schwarzen

Bohnen und Avocado – das sorgt für ein Aroma mit Mexiko-Flair. Eine ebenfalls sehr gute Wahl sind Mandeln, Walnüsse, Cashewkerne, Erdnüsse, Macadamia- und Paranüsse!

KONSERVEN MIT HELLEM THUNFISCH (IN WASSER): Diese Thunfischart weist den geringsten Gehalt an Quecksilber auf. Da der Fisch in Wasser und nicht in Öl eingelegt ist, bezieht er auch keine überflüssigen Kalorien oder Fette aus dem Öl. Darüber hinaus stellt er eine magere Eiweißquelle dar, die man nicht einmal zu kochen braucht!

SALZARME SOJASAUCE: Sie harmoniert gut mit Sesamöl und ist ideal für schnell zubereitete, von der asiatischen Küche inspirierte Gerichte mit jeder Menge Geschmack und geringer Vorbereitungszeit. Da Sojasauce einen sehr hohen Salzgehalt hat, achten Sie darauf, eine salzarme Variante zu kaufen.

ROTWEINESSIG: Mit seinem spritzigen, frischen Geschmack und seinem geringen Kaloriengehalt ist Rotweinessig das Nonplusultra für leichte Salatdressings.

BALSAMICO: Lasten Sie es ruhig meinen italienischen Wurzeln an, aber ich bin überzeugt, dass Balsamico der beste Essig ist. Er liefert eine leichte, schmackhafte Marinade, die nur wenig Kalorien hat. Wird er einem Dressing beigemischt, sorgt er für einen säuerlichen Kick.

APFELESSIG: Dieser aus Äpfeln gewonnene Essig lässt sich anstelle von Rotweinessig oder Balsamico gut in Dressings und Marinaden verwenden. Er hat unglaubliche entgiftende und den Säure-Basen-Haushalt stabilisierende Eigenschaften. Sein etwas süßerer Geschmack kommt perfekt in Rohkostsalaten zur Geltung, etwa im Supergericht mit Bete und Quinoa (Seite 140).

GEWÜRZE: Ich nehme immer getrocknete Gewürze zum Kochen, da sie sowohl Geschmack als auch Nährstoffe ins Spiel bringen. Meine Lieblingsgewürze sind Chilipulver, Oregano, geräuchertes Paprikapulver, gemahlener Kreuzkümmel, Knoblauchpulver und rote Paprikaflocken.

MEERSALZ UND PFEFFERKÖRNER: Diese Standardgewürze entwickeln deutlich mehr Geschmack, wenn sie frisch gemahlen werden. Falls Sie in Ihrem Gewürzschrank eine echte Veränderung vornehmen wollen (und dies nicht schon getan haben), werfen Sie die Salz- und Pfefferstreuer weg und schaffen Sie sich stattdessen eine Salz- und eine Pfeffermühle an. Grobes Meersalz und Pfefferkörner sind weniger intensiv verarbeitet als die bereits gemahlenen Varianten und haben mehr Aroma. Sie werden sich fragen, wie Sie beim Kochen jemals ohne die beiden auskommen konnten.

PASTASAUCEN AUS DEM GLAS: Meine Großeltern wären wahrscheinlich entsetzt, aber für Notfälle habe ich immer ein Glas oder eine Packung meiner Lieblings-Tomaten-Basilikum-Pastasauce im Küchenschrank parat. Achten Sie aber darauf, dass auf der Zutatenliste ganze Tomaten stehen und weder Zucker noch Milch und möglichst auch kein Salz zugesetzt wurde.

GEWÜRFELTE TOMATEN AUS DER DOSE: Wenn wir nicht gerade Sommer haben, ist es schwer, gut schmeckende frische Tomaten zu bekommen. Deshalb sollte man besser auf gewürfelte Dosentomaten setzen. Halten Sie nach einer Variante ohne zugesetztes Salz Ausschau.

OLIVENÖL-KOCHSPRAY: Mit Kochspray lassen sich Backbleche ganz einfach fetten. Es eignet sich auch gut zum Sautieren von Gemüse-Nudeln.

Wie man dieses Buch benutzt

Wie Sie inzwischen wissen, ist Gemüse-Pasta nicht nur nahrhaft und sättigend, sondern auch ganz einfach herzustellen. Die Zubereitung mit dem Spiralschneider eignet sich für jedes Alter, alle Arten der Ernährung und jegliche Kocherfahrung. Sogar ein Student im Wohnheim bringt mithilfe von Spiralschneider und Mikrowelle einen großen Teller Gemüse-Pasta zustande!

Alle Rezepte in diesem Kochbuch stammen von mir – und damit von einer Frau mit viel Freude an gutem Essen und Interesse an einer gesunden Lebensweise. Die Gerichte sind leicht nachzukochen und enthalten Zutaten, die Sie in jedem Lebensmittelgeschäft bekommen. Rein gar nichts soll hier schwierig oder kompliziert erscheinen. Inspiriert wurden die meisten meiner Rezepte von den klassisch-italienischen Pastagerichten meiner Großeltern oder von Speisen, auf die ich bei Restaurantbesuchen stieß.

Da ich mir Mühe gegeben habe, nur wirklich gesunde Gerichte zu präsentieren, kommen die folgenden Zutaten in keinem meiner Rezepte vor:

Butter	Sahne
Frischkäse	Weißbrot
Mayonnaise	Zucker
Molkereimilch	

Kann man denn nicht einfach weiterhin Fettuccini mit Schlagsahne zubereiten und die cremige Tomatensauce mit Butter? Natürlich kann man das, und es schmeckt ganz sicher köstlich. Doch dieses Kochbuch bietet nicht einfach nur einen Ersatz für Hartweizenpasta – es ist gleichzeitig ein Clean Eating Kochbuch, das auf gesunde Saucen, mageres Fleisch und angemessene Mengen an Fett und Kohlenhydraten setzt.
Mit diesem Kochbuch an Ihrer Seite werden Sie ganze Mahlzeiten »inspiralisieren« und nicht nur kochen! Experimentieren Sie mit diesen Rezepten, doch wenn Sie lieber schwach werden, nur zu. Aber denken Sie daran, dass das Maßhalten zur gesunden Ernährung dazugehört.

Obwohl ich in meinen Rezepten von den meisten Milchprodukten Abstand nehme, stehen einige davon auf meinem Speisezettel. Bei einer gesunden Lebensführung dreht es sich vor allem darum, was für Sie ganz persönlich funktioniert. Käse ist ein untrennbarer Bestandteil der Esskultur meiner Familie und beim Kochen meine größte Leidenschaft. Auf meinem Weg zum gesunden Essen musste ich irgendwo die Grenze ziehen – und für mich bedeutet das, sehr wohl Käse zu verwenden, aber nur in Maßen.

Rezeptsymbole

Jedes Rezept ist durch Symbole gekennzeichnet, die Ihnen einen schnellen Überblick über den Schwierigkeitsgrad und die Nährwerte geben. Zunächst einmal zeigt die Anzahl der Spiralen an, wie aufwendig es ist, das Gericht nachzukochen:

EINE SPIRALE: Sehr einfach, wenig Kochaufwand über den Einsatz des Spiralschneiders hinaus

ZWEI SPIRALEN: Mittlerer Schwierigkeitsgrad, mehr Kochaufwand

DREI SPIRALEN: Am schwierigsten, viele Schritte erforderlich, relativ intensive Weiterverarbeitung der Gemüsestreifen

Lassen Sie sich jedoch durch ein Rezept mit drei Spiralen nicht den Schneid abkaufen: Es bedeutet im Grunde nur, dass Sie wegen der zusätzlichen Arbeitsschritte für die Zubereitung etwas mehr Zeit brauchen.

In jeder Zutatenliste wird die in Spiralstreifen geschnittene Zutat folgendermaßen beschrieben:

1 mittelgroße Zucchini, mit KLINGE A in Spiralstreifen geschnitten

Das Gemüse sollte in Spiralstreifen geschnitten werden, bevor Sie mit dem Kochen anfangen. Dasselbe gilt für alle anderen vorbereitenden Arbeiten, etwa wenn bestimmte Zutaten gehackt, klein geschnitten oder gewürfelt werden sollen. Auf der Zutatenliste erscheinen die Zutaten in der Reihenfolge, in der sie verarbeitet werden. Um das Gemüse in Spiralstreifen zu schneiden, sollten Sie genau die im Rezept bezeichnete Klinge wählen. (Auf Seite 23 können Sie noch einmal nachlesen, welcher Messereinsatz was tut.)

- **V** **VEGAN:** enthält keine tierischen Produkte
- **VT** **VEGETARISCH:** enthält weder Fleisch noch Geflügel, möglicherweise aber Milchprodukte und/oder Eier
- **GF** **GLUTENFREI:** enthält kein Gluten
- **P** **PALÄO:** enthält weder Milch- noch Getreideprodukte noch verarbeitete Lebensmittel

Schlussendlich werden alle Rezepte durch folgende Nährwertangaben ergänzt: Kalorien, Fett, Kohlenhydrate, Natrium, Eiweiß und Zucker, jeweils für eine Portion. Die Berechnung dieser Angaben erfolgte in erster Linie mithilfe von Daten der USDA (National Nutrient Database for Standard Reference / Landwirtschaftsministerium der Vereinigten Staaten). Die Daten basieren auf Messverfahren, die auch deutschsprachige Experteninstitutionen bei der Berechnung von Nährwerten anwenden.

Doch jetzt – haben Sie Lust zu essen? Schnappen Sie sich Ihren Spiralschneider und unterstützen Sie mich dabei, unser Verhältnis zum Gemüse zu revolutionieren. Sie werden garantiert Spaß haben, Ihren Taillenumfang eindampfen und Ihre Geschmacksknospen anregen und überraschen. Dieses Buch wurde mit Leidenschaft und Liebe geschrieben – und mit dem klaren Bekenntnis zu einem Lebensstil, der den Magen verwöhnt und gleichzeitig für ein gesundes Herz und einen ebensolchen Geist sorgt. Wie ich diesen Lebensstil nenne? *Inspiralisiert.*

FRÜHSTÜCK

Chorizo-Avocado-Zucchini-Frittata mit Manchego-Erbsensprossen-Salat

ERGIBT
4 Portionen

GF

VORBEREITUNGSZEIT
20 Minuten

GARZEIT
25 Minuten

NÄHRWERTE
PRO PORTION: Frittata + Salat
Kalorien: 451
Fett: 32 g
Kohlenhydrate: 24 g
Natrium: 417 mg
Eiweiß: 48 g
Zucker: 11 g

FUNKTIONIERT AUCH GUT MIT
Kohlrabi • Kartoffeln • Pastinaken • Beten • Chayote

Wenn Sie noch niemals Pastareste in einer Frittata weiterverwendet haben, wird es Zeit, dies auszuprobieren – aber mit Zucchini-Pasta. Diese Gemüse-Nudeln verleihen der Frittata Biss, machen sie herzhaft und schenken ihr Nährstoffe. Der milde Käse und die zarten, aber spritzigen Erbsensprossen ergänzen die würzige und nahrhafte Eierspeise perfekt. Ich reiche diese Frittata auch gern zum Abendessen, aber beim Brunch entlockt sie den Gästen jedes Mal Bewunderung, wenn die Zucchini-Spiralen vorwitzig durch die gebackenen Eier lugen.

Für die Frittata

Kochspray
2 würzige Grill Chorizo (Bratwürste), Haut entfernt, Brät zerkrümelt
1 Avocado, gewürfelt
1 große Knoblauchzehe, gehackt
2 mittelgroße Zucchini, mit KLINGE C in Spiralstreifen geschnitten
3 große Eier + 9 Eiweiße, leicht verquirlt
Salz und Pfeffer

Für den Salat

2 EL Zitronensaft
3 EL Olivenöl
2 EL Sherryessig
2 TL Honig
Salz und Pfeffer
6 Handvoll Erbsensprossen, zerkleinert
40 g Manchego(-Käse), gewürfelt

Können Sie keine Erbsensprossen auftreiben, nehmen Sie einfach Brunnenkresse.

1 Die Frittata zubereiten. Den Ofen auf 190 °C vorheizen. Eine große Pfanne mit Kochspray fetten und auf mittlerer Stufe erhitzen. Ist die Pfanne so heiß, dass darin Wassertropfen zischend verdampfen, Chorizo, Avocado und Knoblauch zufügen. 5 Minuten anbraten, bis das Wurstbrät zu bräunen beginnt. Die Zucchini-Nudeln in die Pfanne geben, alles gut mischen und glatt streichen.

2 Die Eier über die Nudeln geben und nach Geschmack mit Salz und Pfeffer würzen. 2 Minuten garen lassen, bis die Eier am Boden der Pfanne zu stocken beginnen. Die Pfanne in den Ofen schieben und die Frittata rund 15 Minuten backen, bis die Eier vollständig durchgegart sind und anfangen, am Rand braun zu werden.

3 Den Salat zubereiten. In einer kleinen Schüssel Zitronensaft, Olivenöl, Sherryessig, Honig, Salz und Pfeffer gründlich verrühren. Erbsensprossen und Manchego zufügen und den Salat gut mischen.

4 Die Frittata in 4 oder 8 Stücke teilen und mit dem Salat servieren.

Eier-Muffins mit Pesto und sonnengetrockneten Tomaten

GF
VT

ERGIBT
6 Muffins

VORBEREITUNGSZEIT
15 Minuten

GARZEIT
25 Minuten

NÄHRWERTE
PRO PORTION: 1 Muffin + 1 gehäufter EL Pesto
Kalorien: 303
Fett: 24 g
Kohlenhydrate: 13 g
Natrium: 94 mg
Eiweiß: 11 g
Zucker: 1 g

FUNKTIONIERT AUCH GUT MIT
Zucchini

Wenn ich zu Geburtstagen oder anderen Feiertagen zu meinen Eltern nach New Jersey fahre, bereitet meine Mutter immer einen Brunch zu. Sie macht daraus ein Fest – vom Geschirr bis zu den Deko-Pickern für die Appetithäppchen ist alles perfekt. Einmal servierte sie unglaublich leckere Eier-Muffins, die Pate für dieses Rezept standen. Meine Variante ist noch ein wenig spektakulärer – die Kartoffel-Nudeln sind von außen sichtbar, was immer einen guten Gesprächsaufhänger abgibt. Die Eier-Muffins mit Pesto ergeben eine komplette Mahlzeit und versorgen Sie auf einen Schlag mit Eiweiß, Stärke und Gemüse.

Für das Pesto

- 3 große Handvoll frische Basilikumblätter
- 30 g Pinienkerne
- 4 EL Olivenöl
- Salz und Pfeffer
- 1 große Knoblauchzehe, gehackt

Für die Muffins

- 1 EL Olivenöl
- 1 große mehligkochende Kartoffel, geschält und mit KLINGE C in Spiralstreifen geschnitten
- 1 TL Knoblauchpulver
- Salz und Pfeffer
- 600 g frischer Babyspinat
- Olivenöl oder Kochspray
- 7 große Eier, leicht verquirlt
- 6 EL fein gehackte sonnengetrocknete Tomaten

1 Den Ofen auf 190 °C vorheizen.

2 Das Pesto zubereiten. Alle Pesto-Zutaten im Mixer zu einer dicken Paste pürieren, dabei ab und zu die Bestandteile, die sich am Rand abgesetzt haben, mit einem Spatel wieder nach unten befördern. Das Pesto anschließend in ein luftdicht verschließbares Gefäß füllen und den Deckel sofort schließen, damit es nicht braun wird.

3 Die Muffins vorbereiten. Das Olivenöl in einer großen antihaftbeschichteten Pfanne auf mittlerer Stufe erhitzen. Wenn das Öl zu schimmern beginnt, die Kartoffel-Nudeln hinzufügen und mit Knoblauchpulver, Salz und Pfeffer würzen. Deckel auflegen und die Nudeln unter gelegentlichem Umrühren 6 bis 8 Minuten garen, bis sie zusammenfallen und zu bräunen beginnen. Die Gemüse-Nudeln aus der Pfanne nehmen und beiseite stellen. In derselben

Pfanne, ebenfalls bei mittlerer Hitze, den Spinat 1 bis 2 Minuten andünsten, bis er zusammenfällt.

4 Ein antihaftbeschichtetes Muffinblech mit 6 Mulden mit Olivenöl oder Kochspray fetten. In jede Mulde so viel der verquirlten Eier geben, dass der Boden gut 1 cm hoch bedeckt ist. Jeweils eine etwa 2,5 cm dicke Schicht Kartoffel-Nudeln hinzufügen. Den Spinat auf die Mulden verteilen und jeweils mit einem Esslöffel Tomaten bedecken. Die Mulden vorsichtig mit den restlichen Eiern auffüllen. Die Oberflächen großzügig mit Pfeffer bestreuen.

5 Die Muffins 15 Minuten im Ofen backen, bis die Eier fest geworden sind. Aus dem Ofen nehmen und etwa 1 Minute abkühlen lassen. Die Muffins vorsichtig aus der Form nehmen und zum Servieren mit jeweils einem Esslöffel Pesto beträufeln.

Noch schneller und um einiges leichter lassen sich die Muffins mit Zucchini-Nudeln zubereiten. Die Zucchini brauchen Sie nicht zu würzen und Sie können die Spiralstreifen roh in die Mulden geben. Sie verleihen den Muffins eine knackige Note.

Blaubeer-Süßkartoffel-Waffeln

GF VT P

ERGIBT
2 Waffeln

VORBEREITUNGSZEIT
15 Minuten

GARZEIT
10 Minuten

NÄHRWERTE
PRO PORTION: 1 Waffel + 1/2 EL reiner Ahornsirup
Kalorien: 150
Fett: 3 g
Kohlenhydrate: 28 g
Natrium: 70 mg
Eiweiß: 4 g
Zucker: 13 g

Diese Waffeln sind das beste Beispiel für *Clean Eating*. Schon beim ersten Bissen schmeckt man die saftigen Blaubeeren, den würzigen Zimt und die zarten Süßkartoffeln heraus. Probieren Sie dieses Rezept aus, bevor Sie zu Mehl, Zucker und Butter – oder, noch schlimmer, zu irgendeinem gefrorenen Fertigprodukt – greifen. Die Waffeln sind zwar nicht so locker wie ihre traditionellen Gegenstücke, dafür haben sie aber eine interessante Konsistenz und durch den natürlichen Zucker der Süßkartoffel eine ganz besondere Süße. Serviert man sie mit erwärmten Blaubeeren und Ahornsirup, erobern diese Waffeln ganz sicher einen Platz unter den Stars jedes Brunch-Büfetts.

1	mittelgroße Süßkartoffel, geschält und mit KLINGE C in Spiralstreifen geschnitten
1 TL	gemahlener Zimt
	Kochspray
1	mittelgroßes Ei, leicht verquirlt
1/2 TL	Vanilleextrakt
95 g	frische Blaubeeren
1 EL	reiner Ahornsirup, nach Geschmack eventuell mehr

1 Das Waffeleisen vorheizen.

2 Eine große Pfanne mit Kochspray fetten und auf mittlerer Stufe erhitzen. Ist die Pfanne so heiß, dass darin Wassertropfen zischend verdampfen, die Süßkartoffel-Nudeln zufügen und einen Deckel auflegen. Die Nudeln 5 bis 7 Minuten garen, bis sie vollständig weich sind.

3 Die Nudeln in eine große Schüssel füllen und Ei, Vanilleextrakt sowie die Blaubeeren zugeben. Vorsichtig mischen, bis die Nudeln mit Ei überzogen sind, und aufpassen, dass sie nicht auseinanderbrechen.

4 Das Waffeleisen mit Kochspray fetten und behutsam die Hälfte der Nudelmischung hineingeben. Dabei darauf achten, dass alle Vertiefungen mit Gemüse-Nudeln gefüllt sind. Die Waffel nach den Angaben des Herstellers backen. Die fertige Waffel nicht herausheben, sondern auf einen Teller gleiten lassen und warm stellen, bis die zweite Waffel gebacken ist. Die Waffeln mit ein wenig Ahornsirup beträufeln und servieren.

Mögen Sie es noch etwas süßer, garnieren Sie die Waffeln mit milchfreien Schokoladenstückchen.

Frühstückspfanne mit Schinken und Steckrüben

ERGIBT
4 Portionen

GF
P

VORBEREITUNGSZEIT
10 Minuten

GARZEIT
35 Minuten

NÄHRWERTE
PRO PORTION
Kalorien: 171
Fett: 8 g
Kohlenhydrate: 10 g
Natrium: 658 mg
Eiweiß: 14 g
Zucker: 7 g

FUNKTIONIERT AUCH GUT MIT
Süßkartoffeln

Wahrscheinlich essen Sie in der Regel keinen Reis zum Frühstück, doch mit diesem Gemüse-Reis kehrt Abwechslung ein. Wenn Sie den Morgen mit einer deftigen Portion Gemüse beginnen, bleiben Sie den ganzen Tag über produktiv und konzentriert. Die Eier, die in den Vertiefungen der Steckrüben-Schinken-Pfanne garziehen und beim Servieren zerteilt werden, überziehen Reis und Schinken mit einer wärmenden, sämigen Sauce. Jeder Bissen ist leicht süß und wohlschmeckend.

1 EL	Olivenöl
2	große Knoblauchzehen, gehackt
1	große weiße Zwiebel, gewürfelt
1 Prise	rote Paprikaflocken
1	kleine Steckrübe, geschält und mit KLINGE C in Spiralstreifen geschnitten, dann zu Reis verarbeitet (siehe Seite 25)
150 g	magerer gekochter Schinken, gewürfelt
200 g	Grünkohl, gehackt
1 TL	geräuchertes Paprikapulver
1 TL	gemahlener Kreuzkümmel
300 g	reife Tomaten, gewürfelt, Saft auffangen und mitverwenden
	Salz und Pfeffer
125 ml	salzarme Hühnerbrühe
4	große Eier
1 EL	gehackte frische Petersilie

1 Den Ofen auf 200 °C vorheizen.

2 Das Öl in einer großen antihaftbeschichteten Pfanne auf mittlerer Stufe erhitzen. Knoblauch, Zwiebeln und Paprikaflocken zufügen und 2 Minuten andünsten, bis die Zwiebeln glasig schimmern. Steckrüben-Reis, Schinken, Grünkohl, Paprikapulver, Kreuzkümmel und Tomaten inkl. Saft zugeben. Gründlich mischen und mit Salz und Pfeffer würzen. Die Hühnerbrühe zugießen und die Mischung unter gelegentlichem Umrühren weitere 2 bis 3 Minuten garen, bis die Flüssigkeit etwas reduziert ist.

3 Die Mischung glatt streichen und vier gleichmäßig verteilte Vertiefungen anbringen und in jede ein Ei schlagen. Die Pfanne in den Ofen stellen und das Ganze etwa 10 Minuten backen, bis die Eier fest sind.

4 Mit Petersilie garnieren und die Pfanne fürs Familienfrühstück auf den Tisch stellen. Die Menge reicht auf für sechs kleinere Portionen.

Zimt-Walnuss-Muffins mit Eiweißkick

ERGIBT
4 große Muffins

VORBEREITUNGSZEIT
10 Minuten

GARZEIT
25 Minuten

NÄHRWERTE
PRO PORTION: 1 Muffin
Kalorien: 130
Fett: 6 g
Kohlenhydrate: 17 g
Natrium: 114 mg
Eiweiß: 4 g
Zucker: 9 g

GF VT P

Ich habe die Verwendung von Proteinpulver erst entdeckt, als ich begann, Smoothies zum Frühstück zu trinken. Eines Tages gab ich ein wenig davon hinein und habe nie mehr damit aufgehört – das Proteinpulver beschert mir ein viel länger anhaltendes Sättigungsgefühl. Heute gebe ich es sogar zu Backwerk dazu. Mit diesen würzig-süßen Muffins bleiben Sie den ganzen Vormittag über satt und zufrieden.

- **1 mittelgroße Süßkartoffel, geschält und mit KLINGE C in Spiralstreifen geschnitten, dann zu Reis verarbeitet (siehe Seite 25)**
- **1/4 TL gemahlener Zimt**
- **1 EL Proteinpulver**
- **1/4 TL Backpulver**
- **1 großes Ei**
- **1 EL Honig**
- **1/4 TL Vanilleextrakt**
- **2 EL Rosinen**
- **30 g Walnüsse, gehackt**
- **Kochspray**

1 Den Ofen auf 190 °C vorheizen.

2 In einer mittelgroßen Schüssel den Süßkartoffel-Reis mit Zimt, Proteinpulver und Backpulver verrühren. Das Ei, den Honig und Vanilleextrakt hinzufügen und das Ganze gründlich mischen. Rosinen und Walnüsse unterheben.

3 Ein Muffinblech mit vier großen Mulden mit einem Hauch Kochspray fetten. Den Teig mit einem Löffel gleichmäßig auf die Mulden verteilen und 23 bis 25 Minuten im Ofen backen. Die Muffins sind fertig, wenn ein in die Mitte gestochener Holzspieß sauber wieder herauskommt. Das Blech aus dem Ofen nehmen und 1 bis 2 Minuten abkühlen lassen, dann stürzen, um die Muffins zu lösen. Die Muffins vor dem Servieren 5 Minuten abkühlen lassen.

Wenn Sie für dieses Rezept Proteinpulver mit Vanillegeschmack benutzen, lassen Sie den Vanilleextrakt weg. Ich bevorzuge Proteinpulver auf pflanzlicher Basis, etwa aus Erbsen oder Naturreis gewonnene Produkte.

Huevos Rancheros

GF VT

ERGIBT
2 Portionen

VORBEREITUNGSZEIT
20 Minuten

GARZEIT
25 Minuten

NÄHRWERTE
PRO PORTION INKL. SAUCE, EI, GARNITUR:
Kalorien: 623
Fett: 32 g
Kohlenhydrate: 69 g
Natrium: 376 mg
Eiweiß: 22 g
Zucker: 23 g

Wenn wir auswärts brunchen, bestellt sich Lu immer seine geliebten Huevos Rancheros. Ich glaube, er weiß inzwischen ganz genau, welche Restaurants in New York City, Hoboken oder Jersey City die leckerste Variante dieses mexikanischen Frühstücksklassikers auf den Tisch bringen. In meiner Version ersetzt die Kochbananen-Tortilla die traditionelle Spielart und punktet zudem mit mehr Geschmack und weniger gesättigten Fettsäuren. Lu, mein offizieller Vorkoster und Experte für Huevos Rancheros, mag dieses Rezept – und ich weiß, dass es auch bei Ihnen gut ankommen wird.

Für die Tortillas und den gerösteten Mais

Kochspray
1 mittelreife Kochbanane, geschält und mit KLINGE C in Spiralstreifen geschnitten, dann zu Reis verarbeitet (siehe Seite 25)
1 großes Ei
1 EL Kokosflocken
Salz und Pfeffer
1 frischer Maiskolben, ohne Hüllblätter und Bart
Chilipulver

Für die Ranchero-Sauce

1 EL Olivenöl
1 große Knoblauchzehe, gehackt
1 mittelgroße weiße Zwiebel, gewürfelt
1 TL Tomatenmark
150 g Tomatenwürfel aus der Dose, mit Saft
90 g schwarze Bohnen aus der Dose, abgegossen und abgespült
1 Avocado, gewürfelt
1 TL Chilipulver
1 EL Chilischote, am besten Jalapeno, entkernt und fein gehackt
1 EL gehackter frischer Koriander
1 TL gemahlener Kreuzkümmel
1 TL getrocknete mexikanische Gewürzmischung oder Oregano
Salz und Pfeffer

Zur Fertigstellung

50 g Parmesan, geraspelt
Kochspray
2 große Eier

Die Huevos Rancheros schmecken auch ohne Käse unglaublich gut. Wenn Sie um Ihre Taille fürchten oder keine Milchprodukte essen, lassen Sie ihn einfach weg.

(Rezept Fortsetzung)

1 Den Ofen auf 200 °C vorheizen.

2 Die Tortillas zubereiten. Ein Backblech mit Backpapier belegen und ein zweites Blech mit einem Hauch von Kochspray fetten.

3 Den Kochbananen-Reis in eine Schüssel geben und das Ei sowie die Kokosflocken zugeben. Alles gut miteinander verrühren und mit Salz und Pfeffer würzen. Die Hälfte der Reismischung mit einem Löffel auf eine Seite des mit Backpapier bedeckten Blechs geben. Mit den Händen flach drücken und zu einer runden Tortilla formen. Diesen Vorgang mit dem restlichen Reis auf der anderen Seite des Blechs wiederholen.

4 Den Maiskolben auf das gefettete Backblech legen und großzügig mit Salz, Pfeffer und Chilipulver würzen. Beide Bleche in den Ofen schieben. Die Kochbananen-Tortillas 15 bis 17 Minuten backen, bis sie fest und auf der Oberseite goldbraun sind. Den Maiskolben nach 12 bis 15 Minuten, wenn er sich leicht mit einer Gabel einstechen lässt, aus dem Ofen nehmen und beiseite legen.

5 Die Ranchero-Sauce zubereiten. Das Olivenöl auf niedriger bis mittlerer Stufe in einer mittelgroßen Kasserolle erhitzen. Wenn das Öl zu schimmern beginnt, den Knoblauch hinzufügen und etwa 30 Sekunden andünsten, bis er anfängt zu duften. Zwiebeln, Tomatenmark und Tomaten zugeben. 2 bis 3 Minuten köcheln lassen, bis die Sauce anfängt einzukochen. Die Hälfte der Bohnen, Avocado, Chilipulver, Jalapeño, Koriander, Kreuzkümmel und die Gewürzmischung einrühren. Mit Salz und Pfeffer abschmecken und die Hitze reduzieren. Die Sauce etwa 5 Minuten köcheln lassen, bis sie so weit eingedickt ist, dass sie eine cremige Konsistenz hat.

6 Die restlichen Bohnen mit einer Gabel oder einem Kartoffelstampfer zerdrücken.

7 Das Gericht fertig stellen. Die beiden Kochbananen-Tortillas in eine große ofenfeste Pfanne geben. (Passen sie nicht hinein, einfach zwei kleine Pfannen nehmen.) Die zerdrückten Bohnen mit der Sauce mischen. Die Tortillas gleichmäßig mit Sauce bedecken, den Käse darüber streuen und 5 Minuten im Ofen überbacken, bis der Käse geschmolzen ist.

8 Eine große antihaftbeschichtete Pfanne auf mittlerer Stufe erhitzen und mit Kochspray fetten. Ist die Pfanne so heiß, dass darin Wassertropfen zischend verdampfen, die Eier hineinschlagen und etwa 3 Minuten braten, bis das Eiweiß fest ist.

9 Die Tortillas auf Tellern anrichten. Die Maiskörner mit dem Messer vom Kolben lösen und gleichmäßig auf die Tortillas verteilen, dabei einige Körner für die Garnitur zurückbehalten. Auf jede Tortilla ein Spiegelei setzen und mit den restlichen Maiskörnern garnieren. Sofort servieren.

Frühstücksbrötchen mit Bagel-Mix

GF

ERGIBT
4 Brötchen

VORBEREITUNGSZEIT
15 Minuten

GARZEIT
25 Minuten

NÄHRWERTE
PRO PORTION: 1 Brötchen
Kalorien: 170
Fett: 9 g
Kohlenhydrate: 19 g
Natrium: 227 mg
Eiweiß: 5 g
Zucker: 2 g

FUNKTIONIERT AUCH GUT MIT
Süßkartoffeln

Wenn man in New Jersey aufgewachsene Leute nach ihrem Lieblingsfrühstück ihrer Kindheit fragt, werden die meisten höchstwahrscheinlich antworten »Taylor Ham, Eier und Käse auf einem Bagel«. Taylor Ham ist eine Spezialität aus New Jersey und ich bekam meinen immer auf einem Bagel, der alle möglichen Gewürze enthielt. Allein schon der Duft dieses Lieblingsgebäcks erinnert mich an die wunderbaren Tage, an denen meine Mutter morgens frische Bagel vom Bäcker holte. Und natürlich musste ich den zweifellos besten Bagel der Welt »inspiralisieren« …

Für den Bagel-Mix

1 TL	Mohnsamen
1 TL	Sesamsamen
1 1/4 TL	Knoblauchpulver
1 TL	Zwiebelpulver
1/2 TL	grobes Meersalz
1/4 TL	frisch zerstoßene schwarze Pfefferkörner

Für die Brötchen

	Kochspray
1	große festkochende Kartoffel, geschält und mit KLINGE C in Spiralstreifen geschnitten
	Salz und Pfeffer
1	großes Ei und 1 Eiweiß, leicht verquirlt
2 EL	Olivenöl

1 Den Bagel-Mix zubereiten. Alle Zutaten in einer kleinen Schüssel mischen und beiseite stellen.

2 Die Brötchen vorbereiten. Eine große antihaftbeschichtete Pfanne auf mittlerer Stufe erhitzen und mit Kochspray fetten. Ist die Pfanne so heiß, dass darin Wassertropfen zischend verdampfen, die Kartoffel-Nudeln hineingeben und mit Salz und Pfeffer würzen. Den Deckel auflegen und die Kartoffeln-Nudeln unter gelegentlichem Umrühren 5 bis 7 Minuten garen, bis sie goldbraun sind. In eine große Schüssel geben und 2 Minuten abkühlen lassen.

3 Die Eier und den Bagel-Mix zu den Kartoffel-Nudeln geben und so lange mischen, bis die Nudeln gleichmäßig überzogen sind. 4 Auflaufförmchen (à 175 ml Inhalt) je zur Hälfte mit den Kartoffel-Nudeln füllen und mithilfe eines Stücks Folie oder Wachspapier mit den Händen in die Förmchen drücken. Damit sich der Gemüse-Teig setzen kann, mindestens 15 Minuten in den Kühlschrank stellen.

(Rezept Fortsetzung)

4 Einen Esslöffel Öl in einer großen antihaftbeschichteten Pfanne auf mittlerer Stufe erhitzen. Wenn das Öl zu schimmern beginnt, 2 Brötchen in die Pfanne geben: die Förmchen umgedreht in die Pfanne setzen, anheben und fest auf den Boden der Förmchen klopfen. Die Brötchen 3 Minuten braten, bis die Unterseite fest ist; dabei ggf. abstehende Nudeln wieder in Form bringen. Die Brötchen vorsichtig umdrehen und weitere 2 bis 3 Minuten braten, bis sie sich vollständig gesetzt haben und auf beiden Seiten gebräunt sind. Herausnehmen und warmstellen. Den Vorgang mit den beiden restlichen Brötchen wiederholen und bei Bedarf das restliche Öl in die Pfanne geben.

5 Die Brötchen mit dem Belag und der Garnitur Ihrer Wahl servieren.

Wenn Sie keine 175-ml-Förmchen (Standardförmchen) besitzen, brauchen Sie dennoch nicht auf dieses Rezept und andere Brötchenrezepte zu verzichten. Erhitzen Sie einfach einen halben Esslöffel Olivenöl in einer Pfanne. Anstatt die Nudeln in ein Förmchen zu drücken und kühl zu stellen, geben Sie etwa 125 ml Gemüse-Teig in die Mitte der Pfanne. Formen Sie daraus sofort einen Bratling, den Sie mithilfe eines Küchenspatels flach drücken. Achten Sie darauf, dass die Gemüse-Nudeln dicht beieinander bleiben. Wenden Sie den Bratling nach etwa 2 Minuten, wenn die Unterseite fest geworden ist, und braten Sie ihn weitere 2 Minuten von der anderen Seite, wobei Sie ihn wiederum mit dem Küchenspatel flach drücken.

Frühstücks-Burritos auf Wirsing

GF
P

ERGIBT
2 Burritos

VORBEREITUNGSZEIT
10 Minuten

GARZEIT
15 Minuten

NÄHRWERTE
PRO PORTION: **1 Burrito**
Kalorien: 420
Fett: 27 g
Kohlenhydrate: 24 g
Natrium: 584 mg
Eiweiß: 22 g
Zucker: 5 g

FUNKTIONIERT AUCH GUT MIT
Steckrüben • Beten • Möhren • Pastinaken

Kaum etwas verbinden wir im englischsprachigen Raum so sehr mit Frühstück wie Schinken, Eier und Kartoffeln. Aber wie soll man es schaffen, aus diesen grundlegenden Zutaten etwas Neues zu kreieren? Ganz einfach – indem man sie in Spiralstreifen schneidet und einen Burrito daraus macht! Burritos sind super, da sie sich im Voraus zubereiten und bequem mitnehmen lassen. Man kann sie in Alufolie wickeln und unterwegs, bei der Arbeit, einem Picknick oder wo auch immer essen. Die Wirsingblätter wirken hier Wunder, sie verpacken perfekt alle Zutaten und fallen nicht auseinander. Außerdem nehmen Sie auf diese Weise gleich morgens gesundes Grünzeug zu sich. Um den Burrito noch würziger zu machen, beträufeln Sie ihn mit Sriracha-Sauce (scharfe Chilisauce) oder Ketchup.

1 Die Avocadowürfel in einer kleinen Schüssel mit der Gabel zerdrücken und mit Salz und Pfeffer würzen. Das Mus jeweils zur Hälfte mittig auf die beiden Wirsingblätter verteilen.

2 Eine große antihaftbeschichtete Pfanne auf mittlerer Stufe erhitzen. Ist die Pfanne so heiß, dass darin Wassertropfen zischend verdampfen, den Frühstücksspeck zugeben. So kross braten, wie Sie ihn gern mögen, dann auf einen mit Küchenpapier ausgelegten Teller gleiten und abtropfen lassen.

3 Die Hälfte des Fetts aus der Pfanne abgießen und die Süßkartoffel-Nudeln in die Pfanne geben. Auf mittlerer Stufe die Nudeln bei geschlossenem Deckel unter gelegentlichem Umrühren 5 bis 8 Minuten garen, bis sie zusammenfallen. Die Nudeln gleichmäßig auf die Kohlblätter verteilen und dabei das Avocadomus überdecken.

4 In derselben Pfanne, ebenfalls auf mittlerer Stufe, aus den Eiern ein Rührei zubereiten. Das Rührei gleichmäßig auf den Süßkartoffel-Nudeln verteilen und auf jeden Wrap 2 Streifen Frühstücksspeck legen. Die Wirsingblätter wie einen Burrito aufrollen und servieren.

1 Avocado, gewürfelt
Salz und Pfeffer
2 große Blätter Wirsingkohl
4 Streifen Frühstücksspeck
1 Süßkartoffel, geschält und mit KLINGE C in Spiralstreifen geschnitten
4 große Eier, leicht verquirlt

Wenn Sie diesen Wrap lieber traditionell mit Reis herstellen möchten, verarbeiten Sie die Süßkartoffel-Nudeln einfach in einer Küchenmaschine zu Gemüse-Reis, den Sie 5 bis 7 Minuten lang in einer Pfanne mit ein wenig Kokos- oder Olivenöl durchgaren. Mit Salz und Pfeffer würzen, zur Mischung dazugeben und wie einen Burrito aufrollen.

Sautierte Würstchen mit Kohlrabi und würziger Salsa verde

GF
P

ERGIBT
2 Portionen

VORBEREITUNGSZEIT
15 Minuten

GARZEIT
10 Minuten

NÄHRWERTE
PRO PORTION:
Kalorien: 170
Fett: 18 g
Kohlenhydrate: 19 g
Natrium: 227 mg
Eiweiß: 5 g
Zucker: 2 g

FUNKTIONIERT AUCH GUT MIT
Zucchini

Während der Woche esse ich eigentlich immer das Gleiche zum Frühstück: einen grünen Eiweiß-Smoothie oder griechischen Joghurt mit Müsli und Blaubeeren. Aber am Wochenende tickt die Uhr ganz anders: Aus dem Frühstück wird ein Brunch und ich kann gesundes Gemüse und alles, was ich gern zum Frühstück esse, in ein einziges Gericht packen. Diese Kohlrabi-Steckrüben-Pfanne wird Ihre Vorstellung von einem Frühstück nachhaltig verändern. Machen Sie Schluss mit der eingefahrenen Frühstücksroutine und wagen Sie sich an dieses Gericht, das Sie den ganzen langen Tag über mit jeder Menge Kalium und Ballaststoffen versorgt. Der milde, knackige Kohlrabi nimmt den Geschmack von Eiern, Würsten und Salsa perfekt auf.

Für die Salsa verde

2 mittelgroße Tomatillos aus der Dose, ohne Schale und abgespült
2 EL frischer Limettensaft
Salz
1 Chilischote (am besten Jalapeño), entkernt und fein gewürfelt
1/2 kleine weiße Zwiebel, gewürfelt
1/2 Bund frischer Koriander, gehackt

Um Zeit zu sparen, können Sie auch Ihre Lieblings-Salsa aus dem Glas verwenden und vor dem Servieren einfach in einer Kasserolle aufwärmen.

Für die Kohlrabi-Pfanne

Kochspray
2 große Eier, leicht verquirlt
1 EL Olivenöl
4 kleine Geflügelwürstchen, in 0,5 cm dicke Scheiben geschnitten
1 mittelgroße weiße Zwiebel, fein gewürfelt
1 kleine Knoblauchzehe, gehackt
1 großer Kohlrabi, mit KLINGE C in Spiralstreifen geschnitten
Salz und Pfeffer
2 Chicorée, in schmale Stücke geschnitten (oder 2 Handvoll frischer Spinat oder Rucola)

1 Die Salsa verde zubereiten. Die Tomatillos in eine kleine Kasserolle geben und knapp mit Wasser bedecken. Bei starker Hitze aufkochen lassen. Die Hitze verringern und die Tomatillos etwa 10 Minuten köcheln lassen, bis sie weich sind und sich hellgrün gefärbt haben. Herausnehmen und in einem Sieb abtropfen lassen. Die Tomatillos mit den restlichen Salsa-Zutaten in den Mixer geben und so lange pürieren, bis die gewünschte Konsistenz erreicht ist. Nach Belieben abschmecken.

2 Die Kohlrabi-Pfanne vorbereiten. Eine große antihaftbeschichtete Pfanne auf mittlerer Stufe erwärmen und mit Kochspray fetten. Ist die Pfanne so heiß, dass darin Wassertropfen zischend verdampfen, die Eier hineingeben und ein Rührei zubereiten. Das Rührei in eine Schüssel geben.

3 In dieselbe Pfanne das Öl träufeln und bei Mittelhitze erwärmen. Wenn das Öl zu schimmern beginnt, Wurstscheiben, Zwiebeln und Knoblauch hinzufügen und 2 bis 3 Minuten dünsten, bis die Zwiebeln glasig sind.

4 Die Kohlrabi-Nudeln untermengen, mit Salz und Pfeffer würzen und unter häufigem Wenden 3 bis 5 Minuten garen, bis die Nudeln weich, aber noch bissfest sind. Nach der Hälfte der Garzeit den Chicorée in die Pfanne geben und gut untermischen.

5 Das Rührei in die Pfanne gleiten lassen und etwa 1 Minute erwärmen. Das Gericht auf zwei Schalen verteilen und mit der würzigen Salsa verde beträufeln.

SNACKS & BEILAGEN

Würzige Jícama-Streifen

Salsa mit Gurke, Avocado und Erdbeeren

Pikante Nachos aus Butternusskürbis

Birnen-Nudeln mit Emmer, Kirschen, Walnüssen und Ziegenkäse

Zitronen-Knoblauch-Brokkoli mit Bacon

Zwiebel-Bhaji mit Minze-Gurken-Raita

Glasierte Balsamico-Pfirsiche mit Prosciutto und Roquefort

Apfel-Kohlrabi-Salat mit Zitronen-Minze-Chiasamen-Dressing

Chicorée-Schiffchen mit Bete, Ziegenkäse und Granatapfel

Mango-Avocado-Gurken-Frühlingsrollen mit Sriracha-Limetten-Dip

Würzige Jícama-Streifen

GF V P

ERGIBT
5 Portionen

VORBEREITUNGSZEIT
10 Minuten

GARZEIT
25 Minuten

NÄHRWERTE
PRO PORTION:
Kalorien: 108
Fett: 6 g
Kohlenhydrate: 14 g
Natrium: 16 mg
Eiweiß: 1 g
Zucker: 3 g

FUNKTIONIERT AUCH GUT MIT
Süßkartoffeln • Kartoffeln • Weißen Rüben • Pastinaken • Kohlrabi • Knollensellerie

Mit dem Spiralschneider lassen sich im Handumdrehen Pommes herstellen – gedrehte, dicke oder fadendünne. Man kann sie braten oder im Ofen backen, um auf diese Weise sein Lieblings-Fast-Food wieder zum Leben zu erwecken. Aber daran ist nichts Besonderes, oder? Und dennoch – diese Jícama-Streifen sind anders. Ich sage absichtlich »Streifen«, da sie weicher und nicht ganz so knusprig sind wie die typischen Pommes. Und am allerwichtigsten: Sie sind aus einem mexikanischen Wurzelgemüse gemacht, das arm an Salz und reich an Ballaststoffen ist – eine himmlische Kombination für alle diejenigen, die gern Fritten essen möchten, ohne dabei eine Kleidergröße zuzulegen. Mit diesen Streifen lassen sich Burger oder Salate super garnieren oder man isst sie einfach als Beilage.

1	große Jícama, geschält und mit **KLINGE C** in Spiralstreifen geschnitten
2 EL	Olivenöl
	Salz
1 EL	Zwiebelpulver
2 TL	Cayennepfeffer
2 TL	Chilipulver

1 Den Ofen auf 210 °C vorheizen.

2 Die Jícama-Nudeln auf zwei große Backbleche verteilen, mit Öl beträufeln und dabei wenden, damit die Gemüsestreifen von allen Seiten benetzt werden. Großzügig mit Salz, Zwiebelpulver, Cayennepfeffer und Chilipulver würzen und das Ganze gründlich mischen. Die Nudeln in einer gleichmäßig dicken Schicht auf den Backblechen auslegen.

3 Die Nudeln 15 Minuten im Ofen backen, dann die Streifen wenden und weitere 10 bis 15 Minuten backen, bis sie so knusprig wie gewünscht sind.

Bevor Sie die Jícama-Nudeln im Ofen backen, die Gemüsefäden in kleinere, maximal 7,5 cm lange Stücke schneiden. Damit sie noch knuspriger werden, die Streifen 1 Minute in kochendem Wasser blanchieren. Dann gleichmäßig auf den Blechen verteilen und bei 230 °C backen.

Salsa mit Gurke, Avocado und Erdbeeren

GF V P

ERGIBT
4 Portionen

VORBEREITUNGSZEIT
15 Minuten

NÄHRWERTE
PRO PORTION:
Kalorien: 90
Fett: 5 g
Kohlenhydrate: 14 g
Natrium: 7 mg
Eiweiß: 2 g
Zucker: 7 g

Wer sagt, dass eine Salsa aus perfekt in Würfel geschnittenen Zutaten bestehen muss? Ganz sicher nicht diejenigen von uns, die schon »inspiralisiert« sind! Es wird Zeit, dass Sie Ihre Salsas durch halbmondförmige Gurkenscheiben aufpeppen. Wann immer ich zu einem Barbecue oder einer Sportveranstaltung eingeladen bin und weiß, dass es dort kaum gesundes Essen geben wird, bringe ich diesen sättigenden Snack mit. Es macht nicht nur Spaß, ihn zu essen – er bringt mich auch schnell ins Gespräch mit anderen.

1	große Gurke, Kerne entfernt, der Länge nach halbiert und mit KLINGE C in Spiralstreifen geschnitten
220 g	frische Erdbeeren, geputzt und zerkleinert
1	sehr reife Avocado, gewürfelt
1 EL	gehackter frischer Koriander
1	kleine Chilischote (am besten Jalapeño), entkernt und fein gehackt
1	mittelgroße rote Zwiebel, fein gehackt
1 TL	Honig
	Saft von 1 Limette
	Salz und Pfeffer

1 Um die Feuchtigkeit aufzunehmen, die Gurken-Nudeln mit Küchenpapier trocken tupfen.

2 Gurken-Nudeln, Erdbeeren, Avocado, Koriander, Chilischote und Zwiebeln in einer großen Schüssel mischen. Honig und Limettensaft in einer kleinen Schüssel verrühren und mit Salz und Pfeffer würzen. Das Dressing über die Salsa gießen und alles gut mischen. Mit Chips oder klein geschnittenem rohen Gemüse servieren.

Wenn Sie diese Salsa im Voraus zubereiten, fügen Sie die Gurken-Nudeln erst im letzten Moment hinzu, damit sich nicht zu viel Feuchtigkeit bildet. Die Salsa reicht auch für sechs kleinere Portionen.

Pikante Nachos aus Butternusskürbis

ERGIBT
4 Portionen

GF

VORBEREITUNGSZEIT
25 Minuten

VT

GARZEIT
35 Minuten

NÄHRWERTE
PRO PORTION:
Kalorien: 246
Fett: 9 g
Kohlenhydrate: 36 g
Natrium: 204 mg
Eiweiß: 8 g
Zucker: 7 g

FUNKTIONIERT AUCH GUT MIT
Süßkartoffeln • Beten

Wann immer mich meine Eltern während meiner Studienzeit besuchten, bestand mein Vater darauf, dass wir in *The Village Tavern*, einem Restaurant ganz in der Nähe der Uni, zu Abend aßen. Warum? Er war verrückt nach den Nachos, die es dort gab. Diese Nachos waren mehr als reichhaltig – und jeden Bissen wert. Wenn wir mit dem Abendessen fertig waren, wollten wir uns nur noch auf einem Sofa ausstrecken. Meine kalorienreduzierte Variante löst immer noch das »Her mit den Nachos!«-Gefühl aus, doch ohne das damit verbundene Völlegefühl. Die Chips aus Butternusskürbis ersetzen die Tortilla-Chips aus Mais und liefern zusätzlich zu dem knusprig-salzigen Genuss auch noch Nährstoffe. Sogar mein Vater mag sie!

Für die Chips

1 kleiner bis mittelgroßer Butternusskürbis, geschält, der Länge nach halbiert und mit KLINGE A in Spiralstreifen geschnitten

Olivenöl

Salz und Pfeffer

1 TL Chilipulver

Für die Garnitur

1 frischer Maiskolben, ohne Hüllblätter und Bart

Olivenöl

Salz und Pfeffer

1/2 TL Chilipulver

Für die Avocado-Salsa

1 kleine Avocado, gewürfelt

2 reife Tomaten, entkernt und gewürfelt

1 Chilischote (am besten Jalapeño), entkernt und fein gehackt

1 kleine weiße Zwiebel, gewürfelt

2 EL gehackter frischer Koriander

1 EL Limettensaft

Salz und Pfeffer

Für den Bohnenbelag

2 TL Olivenöl

1 kleine Knoblauchzehe, gehackt

1/2 Dose Pintobohnen, abgegossen und abgespült

15 schwarze Oliven ohne Kern, in Viertel geschnitten

1/2 TL gemahlener Kreuzkümmel

1/4 TL getrockneter mexikanischer Oregano

50 g Parmesan, geraspelt

50 g würzig-reifer Cheddar (oder Edamer), geraspelt

Wenn Sie einen kleinen bis mittelgroßen Butternusskürbis verwenden, haben die Chips die perfekte Größe. Ein größerer Butternusskürbis liefert größere, breitere Schnitze, die für dieses Rezept weniger gut geeignet sind. Das Gericht reicht auch für sechs kleinere Portionen.

1 Den Ofen auf 190 °C vorheizen. Zwei Backbleche mit Backpapier auslegen und zur Seite stellen. Salzwasser in einem mittelgroßen Topf zum Kochen bringen.

2 Die Chips zubereiten. Die Kürbis-Schnitze in das kochende Wasser geben und exakt 2 Minuten garen. Abgießen und trocken tupfen, um überschüssige Feuchtigkeit zu entfernen. Die Chips auf einem der beiden Backbleche in einer Schicht anordnen und dabei von beiden Seiten mit Öl bestreichen. Großzügig mit Salz, Pfeffer und Chilipulver würzen und dabei wenden, damit sich die Gewürze gut verteilen. Die Chips 25 bis 30 Minuten backen, bis sie knusprig sind. Nach der Hälfte der Garzeit wenden und darauf achten, dass nichts anbrennt.

3 Den Maiskolben zubereiten. Den Kolben auf das zweite Backblech legen, mit ein wenig Olivenöl bestreichen und mit Salz, Pfeffer und Chilipulver bestreuen. Den Mais 12 Minuten im Ofen backen, bis die Körner tiefgelb gefärbt sind. Den Kolben aus dem Ofen nehmen, ein paar Minuten abkühlen lassen und die Körner mit einem Messer vom Kolben lösen.

4 Die Salsa zubereiten. Alle Salsa-Zutaten in einer mittelgroßen Schüssel mischen. Beiseite stellen.

5 Den Bohnenbelag zubereiten. Das Öl in einer großen antihaftbeschichteten Pfanne auf mittlerer Stufe erhitzen. Wenn das Öl zu schimmern beginnt, den Knoblauch hinzufügen und 30 Sekunden andünsten, bis er zu duften anfängt. Bohnen, Oliven, Kreuzkümmel und Oregano in die Pfanne geben und unter häufigem Umrühren 2 bis 3 Minuten garen, bis die Bohnen weich sind. Die Mischung in eine mittelgroße Schüssel füllen und die Maiskörner unterheben.

6 Wenn die Chips knusprig genug sind, das Backblech herausnehmen, den Ofen aber angeschaltet lassen. Die Hälfte der Chips auf dem Boden einer großen Auflaufform verteilen und mit der Hälfte des Bohnenbelags bedecken. Dann die restlichen Chips gleichmäßig verteilt in die Form legen und mit dem restlichen Bohnenbelag bedecken. Beide Käsesorten gleichmäßig über den Belag streuen. Den Auflauf 10 bis 15 Minuten im Ofen überbacken, bis der Käse geschmolzen ist. Aus dem Ofen nehmen, mit der Avocado-Salsa beträufeln und sofort servieren.

Birnen-Nudeln mit Emmer, Kirschen, Walnüssen und Ziegenkäse

ERGIBT
3 Portionen

VT

VORBEREITUNGSZEIT
10 Minuten

GARZEIT
20 Minuten

NÄHRWERTE
PRO PORTION:
Kalorien: 348
Fett: 18 g
Kohlenhydrate: 42 g
Natrium: 136 mg
Eiweiß: 8 g
Zucker: 17 g

Obwohl sich dieses Kochbuch auf die Fahne geschrieben hat, Reis und Nudeln durch Gemüse zu ersetzen, heißt das noch lange nicht, dass ich komplett auf Getreide verzichte. Ganz im Gegenteil! Mit seinem herrlich nussigen Geschmack und seiner angenehmen Konsistenz im Mund gehört Emmer (im Bioladen erhältlich) zu meinem Lieblingsgetreide. Der cremige Ziegenkäse sowie die Süße der Kirschen und Birnen-Nudeln harmonieren perfekt mit seiner bissfesten Konsistenz. Ich habe immer eine Tüte Emmer zur Hand und mische ihn gern in Salate und Gemüsegerichte. Mein Großvater hat mich mit diesem Getreide vertraut gemacht und mir erzählt, dass es schon die römischen Legionen satt gemacht hat. Wenn Emmer für die Römer gut genug war, ist er das auch für mich!

200 g Emmer
Salz
65 g Walnüsse, gehackt

Für das Dressing
1 EL Honig
1 EL Balsamico
Salz und Pfeffer
2 EL Olivenöl
2 EL Zitronensaft
1 EL körniger Dijon-Senf
2 TL gehackte frische Petersilie

2 mittelgroße Bosc-Flaschenbirnen (oder eine andere feste Birnensorte), mit KLINGE C in Spiralstreifen geschnitten
150 g frische Kirschen, entsteint und halbiert
60 g Ziegenkäse, zerbröckelt

1 Einen Liter Wasser in einer großen Kasserolle bei starker Hitze zum Kochen bringen. Den Emmer und eine Prise Salz hineingeben und 15 Minuten garen, bis er bissfest ist (Die Anleitung auf der Packung beachten.). Abgießen und gut abtropfen lassen.

2 Die Walnüsse bei mittlerer Hitze in einer mittelgroßen antihaftbeschichteten Pfanne 2 bis 3 Minuten rösten, bis sie beginnen zu duften und leicht gebräunt sind.

3 Das Dressing zubereiten. Alle Dressing-Zutaten in den Mixer geben und pürieren, bis eine gleichmäßige, samtige Konsistenz entstanden ist.

4 Emmer, Birnen-Nudeln, Walnüsse und Kirschen in eine große Schüssel geben. Mit dem Dressing übergießen und das Ganze gut mischen. In eine Servierschüssel füllen und den zerbröckelten Ziegenkäse darüber geben.

Wenn Sie sich getreidefrei ernähren, ersetzen Sie den Emmer durch gehackten Mangold oder Spinat.

Zitronen-Knoblauch-Brokkoli mit Bacon

GF

ERGIBT
4 Portionen

VORBEREITUNGSZEIT
5 Minuten

GARZEIT
15 Minuten

NÄHRWERTE
PRO PORTION:
Kalorien: 305
Fett: 12 g
Kohlenhydrate: 33 g
Natrium: 332 mg
Eiweiß: 16 g
Zucker: 8 g

FUNKTIONIERT AUCH GUT MIT
Zucchini

Mein Großvater hat ein unglaublich einfaches Gericht aus Brokkoli, Knoblauch und Olivenöl im Repertoire. Im Grunde schwimmt der Brokkoli in jeder Menge Olivenöl und wenn man mit der Gabel ein Röschen aufspießt, muss man es einen Moment lang abtropfen lassen, bevor man es in den Mund schiebt. So sehr ich diese Variante auch liebe – ich bekomme davon immer ein wenig Bauchschmerzen. Das hier vorgestellte Rezept bringt durch den Bacon zusätzlich Geschmack ins Spiel und kommt mit deutlich weniger Olivenöl aus. Gleichzeitig verwertet es den gesamten Brokkoli, mitsamt dem Strunk. Hier zeigt sich die extreme Vielseitigkeit des Spiralschneiders in ihrer ganzen Bandbreite – erstaunlich, was man aus ganz alltäglichem Gemüse zaubern kann!

3 große Brokkoli mit Strunk (Zubereitung: siehe Tipp)
Kochspray
6 Scheiben Bacon (Frühstücksspeck)
2 EL Olivenöl
1/4 TL rote Paprikaflocken
Salz und Pfeffer
5 mittelgroße Knoblauchzehen, in dünne Scheiben geschnitten
Saft von 1 Zitrone
Schale von 1/2 Zitrone
3 EL Parmesan, gerieben

1 Eine große Kasserolle zur Hälfte mit Salzwasser füllen und dieses bei starker Hitze zum Kochen bringen. Brokkoli-Röschen und Brokkoli-Nudeln hineingeben und 2 bis 3 Minuten garen lassen, bis sich das Gemüse leicht mit einer Gabel einstechen lässt. Abgießen und trocken tupfen.

2 Eine große Pfanne auf mittlerer Stufe erhitzen und mit Kochspray fetten. Ist die Pfanne so heiß, dass darin Wassertropfen zischend verdampfen, die Bacon-Scheiben nebeneinander hineinlegen (notfalls in mehr als einem Durchgang) und auf jeder Seite 3 Minuten braten, bis sie gebräunt und so knusprig wie gewünscht sind. Auf einem mit Küchenpapier ausgelegten Teller beiseite stellen und abtropfen lassen.

3 Die Pfanne auswischen, auf den Herd zurückstellen und, wiederum bei mittlerer Hitze, das Öl zufügen. Wenn das Öl zu schimmern beginnt, Brokkoli-Röschen, Brokkoli-Nudeln und rote Paprikaflocken in die Pfanne geben. Mit Salz und Pfeffer würzen. Den Deckel auflegen und die Gemüsemischung 2 Minuten garen, dabei zwei-, dreimal umrühren. Knoblauch, Zitronensaft und Zitronenschale hinzufügen und das Ganze wiederum zudeckt weitere 5 Minuten dünsten, bis der Brokkoli leicht gebräunt ist.

4 Die Pfanne vom Feuer nehmen und den Käse unterrühren. Das Gericht mit den Baconscheiben anrichten und heiß servieren.

Schneiden Sie die Brokkoli-Röschen ab und lassen Sie dabei so wenig wie möglich vom Stiel stehen. Die Röschen beiseite stellen und die Strünke mit **KLINGE C** in Spiralstreifen schneiden.

Zwiebel-Bhaji mit Minze-Gurken-Raita

GF VT

ERGIBT
4 bis 6 Zwiebel-Bhaji

VORBEREITUNGSZEIT
15 Minuten

GARZEIT
45 Minuten

NÄHRWERTE
PRO PORTION: 1 Bhaji + 2 EL Raita
Kalorien: 91
Fett: 3 g
Kohlenhydrate: 9 g
Natrium: 30 mg
Eiweiß: 5 g
Zucker: 4 g

FUNKTIONIERT AUCH GUT MIT
Kartoffeln

Mit am einfachsten lassen sich unsere gebratenen Lieblingssnacks in gesündere Varianten verwandeln, indem wir sie im Ofen backen. Die indische Antwort auf die britischen oder US-amerikanischen Kartoffelpuffer ist der Zwiebel-Bhaji, in manchen Regionen auch unter dem Namen Pakora bekannt. Die hier vorgestellte »inspiralisierte« Version lässt sich mithilfe von Zwiebelstreifen im Handumdrehen zubereiten und weist sehr viel weniger gesättigte Fettsäuren als das Original auf, da sie im Ofen gebacken wird. Verbannen Sie ungesunde Gerichte nicht einfach von Ihrem Speisezettel: Es gibt immer einen Weg, um eine gesündere Variante herzustellen!

Für die Zwiebel-Bhaji

Kochspray
1 mittelgroße Zwiebel, geschält und mit KLINGE A in Spiralstreifen geschnitten
1/4 TL Chilipulver
1/2 TL gemahlenes Kurkuma
1/4 TL gemahlener Kreuzkümmel
1/4 TL gemahlener Ingwer
2 TL gehackter frischer Koriander
8 EL Kichererbsenmehl oder Kokosnussmehl
1 großes Ei, leicht verquirlt
1/2 EL Olivenöl
Salz und Pfeffer
2 Zitronen, in Viertel geschnitten

Für die Raita

1/4 mittelgroße Gurke, fein zerkleinert
125 ml Naturjoghurt mit 0,1 % Fett
1 TL gehackte frische Minzeblätter
Salz und Pfeffer
1 TL frischer Zitronensaft

1 Den Ofen auf 200 °C vorheizen und ein Backblech mit Backpapier belegen und das Papier mit Kochspray fetten.

2 Die Zwiebel-Bhaji zubereiten. Eine große antihaftbeschichtete Pfanne auf mittlerer Stufe erhitzen. Ist die Pfanne so heiß, dass darin Wassertropfen zischend verdampfen, die Zwiebelstreifen hinzufügen und 3 bis 4 Minuten andünsten, bis sie anfangen, glasig zu werden. In eine Schüssel füllen und 2 bis 3 Minuten abkühlen lassen.

3 Chilipulver, Kurkuma, Kreuzkümmel, Ingwer, Koriander und Mehl in einer mittelgroßen Schüssel mischen. Das Ei und die Zwiebelstreifen hinzufügen und das Ganze gut mischen. Wenn der Teig zu trocken erscheint, warmes Wasser zugeben, aber nicht mehr als einen Esslöffel auf einmal.

4 Den Teig in 4 bis 6 Portionen einteilen. Jede Portion auf das Backpapier setzen und mit einem Küchenspatel in eine flache rundliche Form bringen. Die Oberfläche der Bhajis mit Öl bestreichen und mit Salz und Pfeffer würzen. Die Bhajis 40 Minuten im Ofen backen, bis sie goldbraun sind, und dabei nach der Hälfte der Backzeit wenden.

5 Die Raita zubereiten. Aus der Gurke die überschüssige Feuchtigkeit mithilfe eines Küchenpapiers herauspressen. Die Gurkenstücke und die restlichen Zutaten in eine mittelgroße Schüssel geben. Die Raita gut mischen und nach Geschmack würzen.

6 Zum Servieren jeweils ein Zitronenviertel über jedem Bhaji ausdrücken. Die Bhajis mit der Raita anrichten.

Möchten Sie die Bhajis noch knuspriger haben, verwenden Sie anstelle des Backbleches eine gusseiserne Pfanne, die mit einem Esslöffel Olivenöl eingefettet ist. Das Olivenöl wird Blasen bilden und die Bhajis werden im Ofen quasi im Fett ausbacken.

Glasierte Balsamico-Pfirsiche mit Prosciutto und Roquefort

GF VT

ERGIBT
16 Appetithäppchen

VORBEREITUNGSZEIT
20 Minuten

GARZEIT
15 Minuten

NÄHRWERTE
PRO PORTION: 1 Häppchen
Kalorien: 86
Fett: 4 g
Kohlenhydrate: 6 g
Natrium: 113 mg
Eiweiß: 5 g
Zucker: 6 g

Meine Mutter hat mir beigebracht, niemals mit leeren Händen zu einer Einladung zu erscheinen. Wer höflich ist, bringt eine Flasche Wein oder Blumen mit. Aber warum nicht einmal richtig punkten und mit diesen Appetithäppchen vor der Tür stehen? Die mit Prosciutto umwickelten angebratenen Pfirsiche sind wirklich raffiniert und kommen im Sommer am besten an. Die Zucchini-Bänder sind rein dekorativ, bringen aber Farbe ins Spiel und sind lustig. Ganz gleich, ob Sie die Pfirsiche bei Ihrer eigenen Abendeinladung servieren oder zu einer Fete mitbringen – sie werden das Thema des Abends sein!

Für die Glasur

- 175 ml Balsamico
- 2 EL Honig
- Salz

Für die Pfirsichhäppchen

- 2 große Zucchini, ungeschält, mit KLINGE D in Spiralstreifen geschnitten
- Kochspray
- 2 reife Pfirsiche
- 16 dünne Scheiben Prosciutto
- 80 g Roquefort, zerkrümelt

1 Die Glasur zubereiten. Balsamico, Honig und etwas Salz in einer kleinen Schüssel verquirlen. Die Mischung in eine kleine Kasserolle geben und bei starker Hitze zum Kochen bringen. Auf niedrige Hitze schalten und die Glasur 10 bis 15 Minuten simmern lassen, bis sie zu Sirup eingedickt ist. Ab und zu umrühren, damit die Glasur beim Köcheln nicht hart wird.

2 Die Häppchen vorbereiten. Die Zucchini-Streifen in 16 jeweils 15 cm lange Stücke schneiden. (Verwenden Sie vorzugsweise die Streifen, die noch die grüne Schale aufweisen, und heben Sie den Rest in einem luftdicht verschlossenen Gefäß für eine spätere Verwendung auf.)

3 Die Zucchini-Streifen in einer antihaftbeschichteten Pfanne auf mittlerer Stufe etwa 2 Minuten andünsten, bis sie anfangen, weich zu werden. Die Pfanne vom Herd nehmen und beiseite stellen.

(Rezept Fortsetzung)

4 Jeden Pfirsich in 8 Schnitze zerteilen, dabei den Kern entfernen. Eine Grillpfanne auf mittlerer bis hoher Stufe erhitzen und mit Kochspray fetten. Ist die Pfanne so heiß, dass darin Wassertropfen zischend verdampfen, die Pfirsichschnitze hinzufügen und auf jeder Seite 1 Minute kräftig anbraten, bis sie sich an einigen Stellen dunkel färben.

5 Eine Scheibe Prosciutto auf einem Küchenbrett der Länge nach so falten, dass ein langer Streifen entsteht. Einen Pfirsichschnitz auf die linke Seite des Schinkenstreifens legen und mit einem Teelöffel Roquefort bestreuen. Den Streifen von links nach rechts aufrollen, bis er komplett um das Pfirsichstück gewickelt ist, und mit einem Picker fixieren. Mit den restlichen Pfirsichschnitzen ebenso verfahren.

6 Eine Zucchini-Nudel auf ein Küchenbrett legen. Ein Pfirsich-Prosciutto-Röllchen in die Mitte des Streifens legen und diesen vorsichtig um das Röllchen knoten. Mit den restlichen Röllchen ebenso verfahren. Die kunstvoll verpackten Pfirsiche auf einer Servierplatte anrichten und mit dem restlichen Roquefort bestreuen. Mit der Balsamico-Glasur beträufeln und servieren.

Wenn Sie die Zucchini-Streifen um die Pfirsich-Röllchen legen und verknoten, sollten Sie nicht zu viel Druck ausüben – die Gemüsefäden reißen leicht. Am besten nur sanft ziehen und den Knoten sofort mit einem Picker fixieren.

Apfel-Kohlrabi-Salat mit Zitronen-Minze-Chiasamen-Dressing

GF VT

ERGIBT
2 Portionen

VORBEREITUNGSZEIT
30 Minuten

NÄHRWERTE
PRO PORTION:
Kalorien: 323
Fett: 15 g
Kohlenhydrate: 47 g
Natrium: 52 mg
Eiweiß: 6 g
Zucker: 30 g

FUNKTIONIERT AUCH GUT MIT
Jícama

Chiasamen stammen von einer Pflanze, die in erster Linie in Südamerika wächst. In der Sprache der Maya steht chia für Stärke. Aber lassen Sie sich davon nicht verwirren – die Chiasamen sind winzig, stecken aber voller Nährstoffe. Sie liefern Ballaststoffe, Antioxidantien und Eiweiß. Dadurch sind sie hilfreich beim Abnehmen und stärken das Immunsystem. Da sie sehr viele Ballaststoffe enthalten, können sie mehr als das Zehnfache ihres Gewichtes an Wasser aufnehmen. Sie werden gelartig und dehnen sich im Magen aus, was zum Sättigungseffekt beiträgt. Wenn Sie dieses Dressing über den genial leckeren Krautsalat geben, machen Sie sich alle Vorzüge der Chiasamen auf schmackhafte Art zunutze.

Für das Dressing

- 1 EL Chiasamen
- 1/2 EL gehackte frische Minze
- 1 EL Honig
- 4 EL Zitronensaft
- 1,5 EL Olivenöl

Für den Salat

- 1 Apfel, mit **KLINGE C** in Spiralstreifen geschnitten
- 1 Kohlrabi, geschält und mit **KLINGE C** in Spiralstreifen geschnitten
- 40 getrocknete Cranberrys
- 30 g Cashewkerne, grob zerkleinert
- 1 kleine Möhre, geschält und mit einem Gemüseschäler in Streifen geschnitten

1 Das Dressing zubereiten. Die Chiasamen mindestens 30 Minuten oder über Nacht in 125 ml Wasser einweichen.

2 Die restlichen Zutaten fürs Dressing in einer kleinen Schüssel mit einem Schneebesen verrühren. Die eingeweichten Chiasamen unterheben.

3 Den Salat zubereiten. Alle Salat-Zutaten in eine mittelgroße Servierschüssel geben und gründlich mischen. Den Salat mit dem Dressing beträufeln und sofort servieren.

Möchten Sie die Konsistenz verändern, halbieren Sie den Kohlrabi und den Apfel und benutzen Sie **KLINGE B** zum Schneiden. Auf diese Weise erhalten Sie halbmondförmige Scheibchen, die herzhafter schmecken.

Chicorée-Schiffchen mit Bete, Ziegenkäse und Granatapfel

ERGIBT
12 Appetithäppchen

GF

VORBEREITUNGSZEIT
20 Minuten

GARZEIT
5 Minuten

NÄHRWERTE
PRO PORTION: 1 Chicorée-Schiffchen
Kalorien: 69
Fett: 4 g
Kohlenhydrate: 4 g
Natrium: 74 mg
Eiweiß: 3 g
Zucker: 3 g

Diese Chicorée-Schiffchen lassen sich blitzschnell zubereiten, sehen aber elegant und festlich aus. Außerdem sind sie mit Supernahrungsmitteln gespickt. Die Süße des cremigen Ziegenkäses gleicht den leicht bitteren Geschmack des Chicorées perfekt aus. Stellen Sie sich darauf ein, nach dem Rezept gefragt zu werden – die Schiffchen sind bei den Gästen ein echter Hit!

Versuchen Sie, möglichst große Chicorée zu finden, damit die Schiffchen groß genug sind, um die Füllung aufzunehmen. Den restlichen Chicorée für andere Gerichte verwenden.

2 TL **weißer Balsamico**
2 TL **Olivenöl**
2 TL **Honig**
Salz und Pfeffer
2 **große Gelbe Beten, geschält und mit KLINGE C in Spiralstreifen geschnitten, dann zu Reis verarbeitet (siehe Seite 25)**
120 g **Ziegenkäse, zerkrümelt**
Samen eines 1/2 großen Granatapfels
3–4 **große Chicorée**

1 Balsamico, Öl, Honig, Salz und Pfeffer mit dem Schneebesen in einer kleinen Schüssel verquirlen.

2 Das Dressing, den Beten-Reis, den Ziegenkäse und die Granatapfelsamen in eine mittelgroße Schüssel geben und das Ganze gut mischen.

3 Die Chicorée auseinandernehmen und 12 große Blätter auswählen, die als Schiffchen dienen sollen. Jedes Blatt mit der Beten-Mischung füllen und auf einer Servierplatte anrichten.

Mango-Avocado-Gurken-Frühlingsrollen mit Sriracha-Limetten-Dip

V

ERGIBT
6 Rollen
(12 Appetithäppchen)

VORBEREITUNGSZEIT
15 Minuten

NÄHRWERTE
PRO PORTION: 1 Rolle
Kalorien: 116
Fett: 4 g
Kohlenhydrate: 21 g
Natrium: 440 mg
Eiweiß: 2 g
Zucker: 13 g

FUNKTIONIERT AUCH GUT MIT
Zucchini • Jícama • Kohlrabi • Chayote

Gleich nach dem College bekam ich einen Job im Hotel- und Veranstaltungsmanagement. Der Golfclub, in dem ich arbeitete, war eine Dreiviertelstunde von meiner damaligen Wohnung entfernt. Wenn ich am Wochenende arbeiten musste, hielt ich auf dem Weg zum Club an meinem Lieblingslebensmittelmarkt an und kaufte ein paar Frühlingsrollen, die den hier vorgestellten sehr ähnlich waren. Ich legte sie im Club in den Kühlschrank, arbeitete den ganzen Tag lang, und aß sie auf dem Nachhauseweg im Auto – ein frischer, knackiger Leckerbissen. Die süße Mango und die zerdrückte Avocado ergänzen sich einfach himmlisch, ganz besonders in Kombination mit dem würzigen Limettendip. Die Gurken-Nudeln sorgen auf überraschende Weise für zusätzlichen Biss. Hier verrate ich Ihnen meine hausgemachte Version dieser Frühlingsrollen.

Für den Dip

- 4 EL Sojasauce
- 2 EL Limettensaft
- 2 EL Honig
- 2 EL Sriracha oder eine andere scharfe Sauce
- Salz und Pfeffer

Für Frühlingsrollen

- 1 Avocado
- 1 EL Limettensaft
- 1 EL fein gehackter frischer Koriander
- 1 kleine Mango, fein gewürfelt
- Salz und Pfeffer
- 6 Blatt Reispapier
- 4 Mangoldblätter oder 1 Handvoll anderes grünes Blattgemüse, gehackt
- 1 mittelgroße Gurke, mit KLINGE C in Spiralstreifen geschnitten

1 Den Dip zubereiten. Alle Dip-Zutaten in einer mittelgroßen Schüssel mit dem Schneebesen verquirlen. In eine kleine Servierschüssel umfüllen und bis zum Servieren in den Kühlschrank stellen.

2 Die Frühlingsrollen zubereiten. In einer mittelgroßen Schüssel das Fruchtfleisch der Avocado zerdrücken. Limettensaft, Koriander und Mango hinzufügen. Mit Salz und Pfeffer würzen und die Mixtur gut mischen.

3 Eine große Schüssel mit warmem Wasser füllen. Das erste Blatt Reispapier ein paar Sekunden lang ins Wasser tauchen, bis es anfängt weich zu werden, dann auf ein Küchenbrett legen. Ein wenig Mangold in die Mitte geben (an den Rändern bleibt ein Streifen von jeweils 5 cm frei) und mit einem Sechstel der Avocado-Mixtur sowie einer Handvoll Gurken-Nudeln bedecken. Die frei gebliebenen Randstreifen nach innen umschlagen und das Reispapier anschließend in Längsrichtung fest aufrollen. Mit den restlichen Reispapierblättern ebenso verfahren.

4 Jede Rolle in zwei Hälften schneiden und in jeden Happen einen Picker stecken. Mit dem Dip servieren.

SUPPEN, EINTOPF-GERICHTE & SALATE

Nudelsuppe mit Hühnchen und Möhren

Ingwer-Frühlingszwiebel-Suppe mit Eierflocken

Cajun-Chili mit Knollensellerie

Daikon-Rettich-Nudeln mit Steakstreifen

Pho-Suppe mit Shrimps und Daikon-Rettich

Birnen-Grünkohl-Salat mit Steakstreifen

Caprese-Zucchini-Salat

Avocado-Limetten-Salat im Einmachglas

Jícama-Kiwi-Mais-Salat mit Honig-Minze-Dressing

Birnen-Feigen-Salat mit Fontina-Käse und Pistazien

Wassermelonen-Salat mit marinierten Zwiebelstreifen und Ricotta Salata

Apfel mit Spargelstreifen, Gorgonzola und Pekannüssen

Tomaten-Keftedes mit Blumenkohl-Tabouleh-Salat

Gurken-Nudel-Salat mit Feta, Rucola und Rotwein-Vinaigrette

Italienischer Zucchini-Pasta-Salat

Nudelsuppe mit Hühnchen und Möhren

ERGIBT
2 Portionen

VORBEREITUNGSZEIT
25 Minuten

GARZEIT
15 Minuten

NÄHRWERTE
PRO PORTION:
Kalorien: 212
Fett: 11 g
Kohlenhydrate: 6 g
Natrium: 1056 mg
Eiweiß: 23 g
Zucker: 2 g

FUNKTIONIERT AUCH GUT MIT
Daikon-Rettich • Kohlrabi • Brokkoli-Strünken • Knollensellerie • Süßkartoffeln • Butternusskürbis

Anstatt diesen Klassiker mit gehackten Möhren zu verfeinern, ersetzen Sie doch einfach die Eiernudeln durch Möhren-Nudeln! Damit schenken Sie der Suppe einen dezenten Biss, was gut zu diesem einfach zuzubereitenden Gericht passt. Ab und zu braucht jeder ein wenig wohltuende Wärme, und genau das beschert uns diese Hühnersuppe, aber ganz ohne Stärke oder damit einhergehende Blähungen. Kleine Veränderungen wie diese hier führen zu überraschenden Ergebnissen.

- 2 EL Olivenöl
- 1,5 große Knoblauchzehen, gehackt
- 2 Stangen Staudensellerie, der Länge nach halbiert und fein geschnitten
- 1/2 mittelgroße weiße Zwiebel, fein gewürfelt
- Salz und Pfeffer
- 1 l salzarme Hühnerbrühe
- 4 Thymianzweige
- 1/2 TL getrockneter Oregano
- 1 TL gehackte frische Petersilie
- 1/2 Grillhähnchen, das Fleisch (ohne Haut) zerkleinert
- 1 große Möhre, geschält und mit **KLINGE A** in Spiralstreifen geschnitten

1 Das Öl in einer großen Kasserolle auf mittlerer Stufe erwärmen. Wenn das Öl zu schimmern beginnt, Knoblauch, Sellerie und Zwiebeln hinzufügen. Mit Salz und Pfeffer würzen. Die Mischung unter Rühren 3 bis 5 Minuten dünsten, bis die Zwiebel glasig wird und der Sellerie anfängt, weich zu werden.

2 Die Brühe, Thymian, Oregano und Petersilie zugeben und bei starker Hitze zum Kochen bringen. Auf niedrige Stufe zurückschalten und die Suppe 5 Minuten köcheln lassen. Das Hähnchenfleisch und die Möhren-Nudeln hinzufügen und in die Suppe weitere 5 Minuten köcheln lassen, bis die Möhren-Nudeln weich sind.

Möchten Sie möglichst nahe an die traditionellen breiten Eiernudeln herankommen, nehmen Sie Zucchini-Nudeln anstelle der Möhren-Nudeln und verwenden Sie zum Schneiden **KLINGE A**. Die Zucchini-Nudeln erst ganz am Ende in die Suppe geben und 2 bis 3 Minuten garen, bis sie bissfest sind. Die Suppe reicht auch für drei kleinere Portionen.

Ingwer-Frühlingszwiebel-Suppe mit Eierflocken

VT

ERGIBT
1 Portion

VORBEREITUNGSZEIT
10 Minuten

GARZEIT
15 Minuten

NÄHRWERTE
PRO PORTION:
Kalorien: 243
Fett: 15 g
Kohlenhydrate: 15 g
Natrium: 2577 mg
Eiweiß: 10 g
Zucker: 9 g

FUNKTIONIERT AUCH GUT MIT
Daikon-Rettich • Kohlrabi

Bei einer unserer ersten Verabredungen schleppte mich Lu in die *Momofuku Noodle Bar* in East Village, einem Stadtteil von Manhattan. Damals aß ich kein Fleisch und suchte auf der Speisekarte verzweifelt nach etwas ohne knusprigen Schweinebauch oder Würstchen. Schließlich fiel mein Blick auf Ingwer-Frühlingszwiebel-Nudeln. Vielleicht lag es auch an meiner Euphorie, mit Lu zusammen zu sein, aber ich war von dem Aroma dieses einfachen Gerichts hin und weg. Als ich später meine eigene Version zubereitete, wollte ich ein bisschen mehr Eiweiß ins Spiel bringen und machte daraus eine Mischung aus einer Suppe mit Eierflocken und Ingwer-Frühlingszwiebel-Nudeln. Dieses Rezept ist der Beweis dafür, dass man jederzeit etwas Großartiges »inspiralisieren« kann!

3/4 EL	Rapsöl
1 EL	gehackter frischer Ingwer
1/4 TL	rote Paprikaflocken
2 TL	Sherryessig
1 EL	salzarme Sojasauce
500 ml	Gemüsebrühe
3 EL	getrocknete Algenstreifen
1	großes Ei, leicht verquirlt
1/2	große Zucchini, mit KLINGE C in Spiralstreifen geschnitten
1	Frühlingszwiebel, grüne und weiße Teile fein zerkleinert
	Pfeffer aus der Mühle

1 Das Öl in eine große Kasserolle geben und auf mittlerer Stufe erhitzen. Wenn das Öl zu schimmern beginnt, den Ingwer zufügen und unter ständigem Rühren 1 Minute dünsten. Auf hohe Stufe schalten und die Paprikaflocken, den Sherryessig, die Sojasauce, die Brühe sowie 125 ml Wasser zugeben.

2 Die Brühe zum Kochen bringen und die Algen hinzufügen. Unter kräftigem Rühren das Ei langsam in die Suppe rinnen lassen. Zucchini-Nudeln und Frühlingszwiebeln zugeben. Mit Pfeffer würzen und die Suppe etwa 2 Minuten kochen lassen, bis die Gemüse-Nudeln weich, aber noch knackig sind. Sofort servieren.

Je schneller Sie das Ei in die Brühe rühren, desto kleinere Eierflocken entstehen. Bevorzugen Sie große Flocken, rühren Sie einfach langsamer.

Cajun-Chili mit Knollensellerie

ERGIBT
4 Portionen

GF

P

VORBEREITUNGSZEIT
15 Minuten

GARZEIT
25 Minuten

NÄHRWERTE
PRO PORTION:
Kalorien: 253
Fett: 10 g
Kohlenhydrate: 15 g
Natrium: 228 mg
Eiweiß: 27 g
Zucker: 7 g

FUNKTIONIERT AUCH GUT MIT
Süßkartoffeln • Butternusskürbis • Steckrüben

Ich könnte an jedem kalten, verregneten Herbsttag Puten-Chili mit Naturreis essen. Mit Sellerie-Reis anstelle von Naturreis ist dieses Rezept noch um einen Tick besser. Die vertraute Konsistenz bleibt erhalten, doch kommt durch den Knollensellerie ein frischer, erdiger Geschmack hinein, der dem Rinderhack die Schwere nimmt – außerdem reichert er das Essen zusätzlich mit Nährstoffen an. Reservieren Sie dieses Rezept für kühle Tage, an denen es Sie nach etwas Warmem und Sättigendem verlangt.

1 Das Öl in einer großen Kasserolle auf mittlerer Stufe erhitzen. Wenn das Öl zu schimmern beginnt, Zwiebeln, Knoblauch und rote Paprikaflocken hinzufügen und 30 Sekunden lang anschwitzen, bis sich der Duft entfaltet. Das Rinderhack zugeben, mit einem Kochlöffel zerbröckeln und 3 bis 5 Minuten anbraten, bis es gebräunt ist.

2 Sellerie-Reis,Tomaten, Brühe, Kreuzkümmel, Cayennepfeffer, Chilipulver, Zwiebelpulver, Oregano, Paprikapulver, Lorbeerblatt, Salz und Pfeffer zum Hackfleisch geben und das Ganze gut mischen. Das Chili zugedeckt 10 Minuten garen. Den Deckel abnehmen und weitere 5 bis 10 Minuten garen, bis das Chili angedickt und der Knollensellerie weich ist. Das Lorbeerblatt entfernen.

3 Das Chili mit Petersilie bestreuen und heiß servieren.

1 EL	Olivenöl
1	mittelgroße weiße Zwiebel, fein gewürfelt
1 EL	gehackter Knoblauch
1/4 TL	rote Paprikaflocken
450 g	mageres Rinderhack
1	großer Knollensellerie, geschält und mit KLINGE C in Spiralstreifen geschnitten, dann zu Reis verarbeitet (siehe Seite 25)
2 Dosen	(à 400 g) gewürfelte Tomaten
125 ml	salzarme Rinderbrühe
2 TL	gemahlener Kreuzkümmel
1/2 TL	Cayennepfeffer
1/2 TL	Chilipulver
1/2 TL	Zwiebelpulver
1 TL	getrockneter Oregano
1/4 TL	geräuchertes Paprikapulver
1	Lorbeerblatt
	Salz und Pfeffer
1 EL	gehackte frische Petersilie

Daikon-Rettich-Nudeln mit Steakstreifen

ERGIBT
2 Portionen

VORBEREITUNGSZEIT
10 Minuten

GARZEIT
20 Minuten

NÄHRWERTE
PRO PORTION:
Kalorien: 391
Fett: 26 g
Kohlenhydrate: 11 g
Natrium: 1265 mg
Eiweiß: 28 g
Zucker: 6 g

FUNKTIONIERT AUCH GUT MIT
Zucchini • Weißen Rüben • Kohlrabi • Chayote • Möhren

Dieses Gericht aus Gemüse-Nudeln erinnert in puncto Konsistenz und Geschmacksnoten an Ramen (japanische Nudelsorte) – aber eben ohne Ramen. Verstehen Sie mich nicht falsch, ich habe dieses Fertigprodukt während meiner Studienzeit oft gegessen, es ist salzig und hat vom Geschmack her Suchtpotenzial, doch sein Nährstoffgehalt entspricht dem eines Pappkartons. Wann immer man etwas isst, sollte man sich fragen: »Trägt dieses Gericht dazu bei, dass es mir gut geht? Liefert es meinem Körper das, was er braucht, um mich durch den Tag zu bringen?« Lautet die Antwort »Nein«, sollten Sie es weglassen. Mithilfe des Daikon-Rettichs ersetzen Sie in diesem Rezept die »leeren« Ramen durch ein Wurzelgemüse, das reich an Vitamin C ist, jedoch wenig Kalorien und Kohlenhydrate enthält. Hätte ich das doch nur schon im College gewusst!

120 g	Rinderlende
1 EL	Hoisinsauce
	Salz und Pfeffer
1 EL	Olivenöl
1 EL	Raps- oder Sonnenblumenöl
1 TL	gehackter Knoblauch
1/2 TL	gehackter frischer Ingwer
1	kleine Frühlingszwiebel, grüne und weiße Teile fein zerkleinert
1	Bund Bok Choy, dicke weiße Stiele entfernt, Blätter halbiert
120 g	frische Shiitake(-Pilze)
500 ml	Gemüsebrühe
2 TL	salzarme Sojasauce
1	mittelgroßer Daikon-Rettich, geschält und mit KLINGE C in Spiralstreifen geschnitten
2	hart gekochte Eier, halbiert

1 Das Steak mit der Hoisinsauce bestreichen und großzügig mit Salz und Pfeffer würzen. In einer großen Pfanne das Olivenöl auf mittlerer Stufe erhitzen. Wenn das Öl zu schimmern beginnt, das Steak in die Pfanne geben und auf jeder Seite 2 bis 3 Minuten braten, bis es Ihrem Geschmack entsprechend durchgebraten ist (dran denken, es gart noch nach). Das Fleisch herausnehmen und auf einem Teller beiseite stellen.

2 Das Raps- oder Sonnenblumenöl in einem großen Topf auf mittlerer Stufe erhitzen. Wenn das Öl zu schimmern beginnt, Knoblauch, Ingwer und Frühlingszwiebeln hinzufügen und 30 Sekunden andünsten, bis sich der Duft entfaltet. Den Bok Choy und die Pilze zugeben und 3 bis 4 Minuten garen, bis die Pilze weich sind.

3 Die Brühe, 250 ml Wasser und die Sojasauce zugießen und bei hoher Hitze zum Kochen bringen. Die Hitze verringern. Die Rettich-Nudeln zugeben und 2 Minuten garen, bis sie bissfest sind.

4 Das Fleisch quer zur Faser in dünne Streifen schneiden. Die Gemüse-Nudel-Mischung auf zwei Teller verteilen und mit den Steakstreifen und den Eierhälften garniert servieren.

Pho-Suppe mit Shrimps und Daikon-Rettich

GF

ERGIBT
2 Portionen

VORBEREITUNGSZEIT
20 Minuten

GARZEIT
15 Minuten

NÄHRWERTE
PRO PORTION:
Kalorien: 87
Fett: 1 g
Kohlenhydrate: 11 g
Natrium: 2165 mg
Eiweiß: 9 g
Zucker: 4 g

FUNKTIONIERT AUCH GUT MIT
Zucchini • Kohlrabi • Jícama • Chayote

Als ich an einem Wochenende durch Hoboken schlenderte, sah ich ein neues Restaurant mit dem Namen *Pho-nomenal*. Unter Pho – »fuh« ausgesprochen – versteht man einen schmackhaften vietnamesischen Imbiss, der mit unterschiedlichen Nudeln zubereitet wird und mehr oder weniger süß sein kann. Ich habe das traditionelle Gericht abgewandelt und vereinfacht, indem ich die Reisnudeln durch Daikon-Rettich-Nudeln ausgetauscht und dadurch eine würzigere, leichtere Variante kreiert habe.

750 ml	Gemüsebrühe
2 TL	vietnamesische oder Thai-Fischsauce
3 EL	frischer Limettensaft
1 TL	gemahlener Koriander
1 TL	gehackter frischer Ingwer
	Salz und Pfeffer
12	kleine Shrimps, ohne Schale und Darm, bei TK-Ware aufgetaut
1	großer Daikon-Rettich, geschält und mit KLINGE C in Spiralstreifen geschnitten
1	kleine Handvoll abgezupfter Korianderblättchen
2–3	Frühlingszwiebeln, grüne und weiße Teile sehr fein geschnitten
2	kleine Chilischoten (am besten Jalapeños), entkernt und in feine Ringe geschnitten
8–10	fein geschnittene Ringe einer weißen Zwiebel
	Sriracha-Sauce oder eine andere scharfe Sauce, nach Belieben

1 In einen großen Suppentopf 500 ml Wasser, Brühe, Fischsauce, Limettensaft, Koriander und Ingwer geben und bei mittlerer Hitze erwärmen. Mit Salz und Pfeffer würzen und die Suppe auf hoher Stufe zum Kochen bringen. Die Hitze stark verringern und die Shrimps hinzufügen. Die Suppe 5 Minuten köcheln lassen, bis die Shrimps nicht mehr durchsichtig sind.

2 Die Rettich-Nudeln und den Koriander zugeben. Die Suppe einmal gut durchrühren und weitere 2 bis 3 Minuten köcheln lassen, bis die Gemüse-Nudeln weich sind.

3 Die Pho-Suppe in tiefe Teller oder Suppenschalen füllen und mit Frühlingszwiebeln, Chilischoten und Zwiebeln garnieren. Nach Belieben ein, zwei Spitzer scharfe Sauce hinzufügen. Sehr heiß servieren.

Dieses Pho-Grundrezept können Sie ganz nach persönlichem Geschmack abwandeln und mit Rindfleisch, Hühnchen oder Tofu zubereiten – alles gängige Pho-Eiweißquellen.

Birnen-Grünkohl-Salat mit Steakstreifen

GF

ERGIBT
2 Portionen

VORBEREITUNGSZEIT
20 Minuten

GARZEIT
10 Minuten

NÄHRWERTE
PRO PORTION:
Kalorien: 525
Fett: 39 g
Kohlenhydrate: 28 g
Natrium: 495 mg
Eiweiß: 20 g
Zucker: 6 g

FUNKTIONIERT AUCH GUT MIT
Äpfeln

Als ich nach meinen veganen Jahren damit anfing, wieder Fleisch in meine Ernährung zu integrieren, konnte ich rotes Fleisch nur in einem Salat vertragen. Da ich noch nie Fleisch zubereitet hatte, verbrachte ich unzählige Abende in meiner Küche und briet Steaks an – so lange, bis ich heraushatte, wie ich sie am liebsten mochte: durchgebraten, aber innen noch ganz leicht rosa. Ich wendete sie, schnitt sie auf und entdeckte, dass sie innen noch roh oder hart wie Schuhsohlen waren. Doch auch wenn das Fleisch nicht auf den Punkt gebraten war, gelang mir der Salat, auf dem ich die Steakstreifen anrichtete, zum Glück immer perfekt. Doch schlussendlich beherrschte ich die Kunst, ein Steak zu braten. Dieser Grünkohl-Salat intensiviert den Geschmack des Fleisches, mit dem er gekrönt wird, und verwöhnt Ihre Geschmacksknospen mit jedem einzelnen knackigen Bissen.

Für den Salat
- 2 TL Honig
- 3 EL Olivenöl
- 2 EL Rotweinessig
- Salz und Pfeffer
- 2 TL Dijon-Senf
- 1 Schalotte, fein gewürfelt
- 4 Grünkohlblätter, von den Rippen gestreift und fein gehackt

Für das Steak
- 120 g Rindersteak
- Salz und Pfeffer
- 1 EL Olivenöl
- 1 große Bosc-Flaschenbirne (oder eine andere feste Birnensorte), mit KLINGE C in Spiralstreifen geschnitten
- 60 g Blauschimmelkäse, zerbröckelt

1 Den Salat zubereiten. Außer dem Grünkohl alle Salat-Zutaten und einen Esslöffel Wasser in einer großen Schüssel gründlich mischen. Den Grünkohl gut untermischen und im Kühlschrank durchziehen lassen.

2 Das Steak braten. Das Fleisch trocken tupfen und auf beiden Seiten großzügig mit Salz und Pfeffer würzen. Eine gusseiserne Pfanne auf mittlerer bis hoher Stufe erhitzen und das Öl hineingeben. Wenn das Öl zu schimmern beginnt, das Steak in die Pfanne legen und auf jeder Seite 3 bis 4 Minuten braten. Das Fleisch herausnehmen und 5 Minuten ruhen lassen, dann quer zur Faser in dünne Scheiben schneiden.

3 Die Birnen-Nudeln zum Grünkohl geben und das Ganze gut mischen. Den Salat auf zwei Tellern anrichten, mit den Steakscheiben krönen und mit den Käsebröckchen bestreuen.

Wenn Sie Blauschimmelkäse nicht mögen, können Sie stattdessen gehobelten Parmigiano Reggiano nehmen. Oder Sie lassen den Käse ganz weg.

Caprese-Zucchini-Salat

GF VT

ERGIBT
2 Portionen

VORBEREITUNGSZEIT
20 Minuten

NÄHRWERTE
PRO PORTION:
Kalorien: 216
Fett: 17 g
Kohlenhydrate: 7 g
Natrium: 40 mg
Eiweiß: 9 g
Zucker: 5 g

Wenn ich an die sommerlichen frühabendlichen Essenseinladungen im Haus meiner Großeltern zurückdenke, fällt mir keine einzige Gelegenheit ein, zu der mein Großvater keinen Caprese-Salat zubereitet hätte. Entscheidend für den Geschmack dieses traditionellen italienischen Gerichts sind die Frische der Tomaten und des Basilikums sowie die Qualität des Olivenöls und Mozzarellas. Sind alle diese Voraussetzungen erfüllt, kann der Salat gar nicht anders als großartig schmecken. Balsamico und Zitronensaft machen aus den Grundzutaten einen Salat, der perfekt zu einem Sommerabend passt.

1 Die Marinade zubereiten. Alle Zutaten in den Mixer geben und so lange pürieren, bis die Marinade samtig-glatt ist.

2 Den Salat zubereiten. Die Zucchini-Nudeln und Kirschtomaten in eine große Schüssel geben und die Marinade hinzufügen. Das Ganze gründlich mischen und mindestens 10 Minuten im Kühlschrank durchziehen lassen.

3 Zum Servieren den Mozzarella und das Basilikum zu den Zucchini-Nudeln geben. Den Salat gut durchmischen und servieren.

Für die Marinade

- 1 EL Zitronensaft
- 3 EL Balsamico
- 2 EL Olivenöl
- 1 mittelgroße Knoblauchzehe, gepresst
- Salz und Pfeffer

Für den Salat

- 2 mittelgroße Zucchini, mit KLINGE A in Spiralstreifen geschnitten und anschließend zu maximal 12,5 cm langen Fäden gekürzt
- 10 Kirschtomaten, halbiert
- 12 kleine Mozzarellakugeln, halbiert
- 1 Handvoll Basilikumblätter, in feine Streifen geschnitten

Je länger die Zucchini-Nudeln in der Marinade ziehen, desto intensiver wird ihr Geschmack – daher lässt sich dieser Salat gut im Voraus zubereiten.

Avocado-Limetten-Salat im Einmachglas

ERGIBT
4 Portionen

GF

VORBEREITUNGSZEIT
15 Minuten

GARZEIT
15 Minuten

NÄHRWERTE
PRO PORTION:
Kalorien: 331
Fett: 24 g
Kohlenhydrate: 18 g
Natrium: 90 mg
Eiweiß: 16 g
Zucker: 6 g

FUNKTIONIERT AUCH GUT MIT
Jícama • Chayote • Kohlrabi • Möhren • Beten

Wenn Sie keine Milchprodukte essen, dicken Sie das Dressing für Pasta-Salate einfach mit Avocado an – ein cleverer Kniff. Avocados haben nicht nur viel Geschmack, sondern stellen gleichzeitig eine wichtige Quelle für gesunde, einfach ungesättigte Fettsäuren dar: Ganz besonders wichtig ist dies bei einer Diät, die arm an Kohlenhydraten ist. Dieser Salat liefert jede Menge Eiweiß und erinnert im Geschmack ein wenig an die traditionelle mexikanische Küche. Die Oliven, der Koriander und der Limettensaft verleihen den Zucchini-Nudeln einen spritzigen und frischen Kick. Damit passt der Salat super zu einem sommerlichen Barbecue oder auch einem gesunden Abendessen mitten in der Woche. Sie brauchen dafür vier 500-ml-Einmachgläser. Füllen Sie den Salat einfach in tiefe Teller um, wenn Sie ihn essen möchten!

Für den Salat

- 1 EL Olivenöl
- 230 g Hühnerfleisch, in etwa 1 cm große Würfel geschnitten
- Salz und Pfeffer
- 2 frische Maiskolben, ohne Hüllblätter und Bart
- 1/2 große rote Paprikaschote, entkernt und gewürfelt
- 1 kleine Dose (85 g) schwarze Oliven, halbiert
- 3 mittelgroße Zucchini, mit KLINGE C in Spiralstreifen geschnitten

Für das Dressing

- 2 bis 3 EL gehackter frischer Koriander
- 1 mittelgroße Knoblauchzehe, gehackt
- Salz und Pfeffer
- 3 EL Olivenöl
- 2 EL Limettensaft
- 1 Avocado, gewürfelt

1 Den Salat vorbereiten. Das Öl in einer großen antihaftbeschichteten Pfanne auf mittlerer Stufe erhitzen. Wenn das Öl zu schimmern beginnt, das Hühnerfleisch hinzufügen und mit Salz und Pfeffer würzen. Das Fleisch 6 bis 8 Minuten braten lassen, bis es außen leicht gebräunt und im Inneren nicht mehr rosa ist.

2 Die Maiskolben in eine mittelgroße Kasserolle legen und mit Wasser bedecken. Eine Prise Salz hinzufügen. Das Wasser bei starker Hitze zum Kochen bringen und den Mais 2 bis 3 Minuten garen, bis sich die Körner leicht mit einer Gabel einstechen lassen. Abgießen, abkühlen lassen und die Maiskörner mit einem Messer von den Kolben lösen.

3 Das Dressing zubereiten. Alle Zutaten in den Mixer geben und zu einer cremigen Paste verarbeiten – dabei esslöffelweise zimmerwarmes Wasser zufügen, bis die gewünschte Konsistenz erreicht ist. Nach jeder Wasserzugabe kurz kräftig durchmixen.

4 Das Salatdressing gleichmäßig auf vier Einmachgläser à 500 ml verteilen und in jedes Glas ein Viertel des Hühnerfleischs geben. Dann jeweils ein Viertel der Paprikaschoten, Oliven und Maiskörner in Schichten einfüllen. Jeweils als letzte Schicht die Zucchini-Nudeln hinzufügen. Die Gläser verschließen und bis zu einem Tag lang im Kühlschrank aufbewahren oder bei Zimmertemperatur innerhalb von 3 Stunden servieren.

Wenn Sie diesen Salat länger als einen Tag im Voraus zubereiten, sollten Sie das Dressing erst kurz vor dem Servieren anrühren, weil das Fruchtfleisch von Avocados schnell braun wird.

Jícama-Kiwi-Mais-Salat mit Honig-Minze-Dressing

ERGIBT
3 Portionen

VORBEREITUNGSZEIT
15 Minuten

GARZEIT
10 Minuten

NÄHRWERTE
PRO PORTION:
Kalorien: 246
Fett: 5 g
Kohlenhydrate: 49 g
Natrium: 17 mg
Eiweiß: 3 g
Zucker: 25 g

Dieser Jícama-Salat wird durch das Honig-Minze-Dressing zu etwas ganz Besonderem – Sie werden sich nach dem Essen die Finger abschlecken. Die Kombination von Kiwi und Mais liefert eine knackige Süße, die durch das Minze-Dressing ausgeglichen wird. Besonders gut passt dieser Salat zu frisch gegrilltem Fisch.

1 großer Maiskolben, ohne Hüllblätter und Bart

Für das Dressing

1 EL gehackte frische Minze
1 EL Olivenöl
1 EL Wasser
2 EL Honig
2 EL weißer Balsamico
2 TL Limettensaft
Salz und Pfeffer

1 mittelgroße Jícama, geschält und mit KLINGE C in Spiralstreifen geschnitten
3 Kiwis, geschält und in Würfel geschnitten
1 Kopfsalat, in mundgerechte Stücke zerpflückt

1 Die Maiskolben in eine mittelgroße Kasserolle legen und mit Wasser bedecken. Eine Prise Salz hinzufügen. Das Wasser bei starker Hitze zum Kochen bringen und den Mais 2 bis 3 Minuten garen, bis sich die Körner leicht mit einer Gabel einstechen lassen. Abgießen, abkühlen lassen und die Maiskörner mit einem Messer von den Kolben lösen.

2 Das Dressing zubereiten. Alle Zutaten in eine große Schüssel geben und gründlich verrühren.

3 Maiskörner, Jícama-Streifen, Kiwiwürfel und Kopfsalat zum Dressing geben und gut durchmischen. In eine Salatschüssel umfüllen und servieren.

Wenn Sie dieses Gericht im Voraus zubereiten, mischen Sie alle Zutaten wie beschrieben - mit Ausnahme des Kopfsalats. Lassen Sie den Salat ein paar Stunden im Kühlschrank durchziehen, damit die Jícama weich wird und das Dressing aufnimmt.

Birnen-Feigen-Salat mit Fontina-Käse und Pistazien

GF
VT

ERGIBT
3 Portionen

VORBEREITUNGSZEIT
20 Minuten

NÄHRWERTE
PRO PORTION:
Kalorien: 273
Fett: 16 g
Kohlenhydrate: 29 g
Natrium: 235 mg
Eiweiß: 7 g
Zucker: 21 g

FUNKTIONIERT AUCH GUT MIT
Äpfeln

Lu und ich streiten uns immer darüber, welches unserer Lieblingsrestaurants in der Nähe die beste Käseplatte hat. Am Freitagabend, nach einer langen Arbeitswoche, freuen wir uns immer auf eine leckere Wurst- und Käseplatte. Ich setzte mir in den Kopf, die Geschmacksnoten in nur einem Gericht nachzubauen. Dieser innovative Salat kann als Mahlzeit für sich allein stehen oder zusammen mit einem saftigen Steak bzw. gegrillter Hühnerbrust serviert werden.

1 Das Dressing zubereiten. Die Zutaten in den Mixer geben und so lange mixen, bis sie sich vollständig miteinander verbunden haben.

2 Den Salat vorbereiten. Birnen-Nudeln, Mangold und Feigen in eine große Schüssel geben.

3 Die Nudeln mit dem Dressing mischen und den Salat mit Fontina-Stückchen und Pistazien bestreut servieren.

Um den Mangold zu zerkleinern, schneiden Sie die harten weißen oder roten Stiele ab. Nun die Blätter wie eine Zigarre aufrollen und in 3 bis 4 mm breite Streifen schneiden. Nach diesem Arbeitsgang ist der Mangold perfekt zerkleinert. Der Salat reicht übrigens auch für drei kleinere Portionen.

Für das Dressing

75 ml	Balsamico
2 EL	Olivenöl
2 EL	Honig
	Schwarzer Pfeffer

Für den Salat

2	Bosc-Flaschenbirnen oder Anjou-Birnen (oder eine andere feste Birnensorte), mit KLINGE C in Spiralstreifen geschnitten
500 g	Mangold, zerkleinert (siehe Tipp)
4	frische Feigen, geviertelt
	rund 20 Stückchen Fontina-Käse (in 0,5 cm dicke Stäbchen geschnitten)
30 g	geröstete und gesalzene Pistazien

Wassermelonen-Salat mit marinierten Zwiebelstreifen und Ricotta Salata

GF VT

ERGIBT
3 Portionen

VORBEREITUNGSZEIT
25 Minuten

GARZEIT
10 Minuten

NÄHRWERTE
PRO PORTION:
Kalorien: 119
Fett: 3 g
Kohlenhydrate: 21 g
Natrium: 17 mg
Eiweiß: 3 g
Zucker: 17 g

Es gibt nichts Schöneres, als im Freien zu sitzen, den Sonnenuntergang zu genießen und dabei ein Glas Wein oder Eistee zu schlürfen. Wie könnte man diese Idylle noch toppen? Mit einem leckeren Snack! Dieser erfrischende Salat kommt mit Sicherheit super an. Der Ricotta Salata liefert Biss und intensiviert den Geschmack. Und am allerwichtigsten: Die marinierten Zwiebelstreifen sind lang und gedreht – der Anblick ist toll und es macht Spaß, sie zu essen!

- **4 EL** Rotweinessig
- **1** kleine rote Zwiebel, geschält und mit KLINGE A in Spiralstreifen geschnitten
- **1 EL** Honig
- **1 Prise** Salz
- **1** großes Stück (ca. 1 kg) Wassermelone, geschält, Fruchtfleisch entkernt und gewürfelt
- **8** frische Minzeblätter, in feine Streifen geschnitten
- Ricotta-Salata (gesalzener, fester Ricotta) zum Garnieren, gehobelt

1 Essig, Zwiebeln, Honig und Salz in einer mittelgroßen Schüssel mischen und im Kühlschrank 15 bis 20 Minuten durchziehen lassen.

2 Wassermelone und Minze in einer großen Schüssel mischen. Die marinierten Zwiebel-Nudeln zufügen und den Salat gründlich mischen. Zum Servieren den Salat in eine Servierschüssel füllen und mit dem Ricotta Salata garnieren.

Apfel mit Spargelstreifen, Gorgonzola und Pekannüssen

GF VT

ERGIBT
2 Portionen

VORBEREITUNGSZEIT
15 Minuten

NÄHRWERTE
PRO PORTION:
Kalorien: 316
Fett: 24 g
Kohlenhydrate: 21 g
Natrium: 265 mg
Eiweiß: 7 g
Zucker: 16 g

Manchmal hat man einfach Lust auf einen Salat. Bevor ich mich aus dem typischen Geschäftsalltag verabschiedete, holte ich mir jeden Tag einen zum Mittagessen. Aber die Zutaten waren so langweilig und immer gleich – rohes oder gedämpftes Gemüse, Salatblätter und gewürfeltes Hühner- oder Putenfleisch. Jetzt können Sie Ihre Salate durch Obst-Nudeln aufpeppen! Dieser Salat schmeckt superb und sieht mit dem üppigen Käse, den knackigen Pekannüssen und den hauchdünnen Spargelstreifen auch noch prachtvoll aus. Jeder Bissen ist ein Erlebnis!

Für das Dressing

1 EL Honig
1 EL Olivenöl
1 EL Rotweinessig
2 TL Dijon-Senf
1 EL Wasser
3 TL gehackte Schalotte
Salz und Pfeffer

Für den Salat

10 große Spargelstangen, geschält, harte Enden abgeschnitten
1 Bund (oder eine große Handvoll) Brunnenkresse
75 g Pekannüsse, grob gehackt
1 Apfel, mit KLINGE C in Spiralstreifen geschnitten
40 g Gorgonzola, zerbröckelt

1 Das Dressing zubereiten. Alle Zutaten in einer mittelgroßen Schüssel gründlich mischen. Eventuell nachwürzen.

2 Den Salat zubereiten. Mit einem Sparschäler die Spargelstangen in dünne Streifen schneiden und in eine große Schüssel geben. Brunnenkresse, Pekannüsse und die Apfel-Nudeln hinzufügen und gut mischen.

3 Das Dressing zugeben und den Salat gründlich mischen. Mit Gorgonzola bestreut servieren.

Für einen zusätzlichen Proteinkick ergänzen Sie den Salat mit dünn geschnittenen Steakscheiben, gegrilltem Hühnchen oder Quinoa.

Tomaten-Keftedes mit Blumenkohl-Tabouleh-Salat

GF VT

ERGIBT
2 Portionen

VORBEREITUNGSZEIT
35 Minuten

GARZEIT
20 Minuten

NÄHRWERTE
PRO PORTION:
Kalorien: 170
Fett: 6 g
Kohlenhydrate: 24 g
Natrium: 313 mg
Eiweiß: 9 g
Zucker: 7 g

FUNKTIONIERT AUCH GUT MIT
Zucchini • Kohlrabi • Chayote • Jícama

Die erste längere Reise, die Lu und ich als Paar unternahmen, ging nach Santorin und Mykonos in Griechenland. Als wir nach einer fast 20-stündigen Fahrt spätabends in unserem Hotel auf Santorin ankamen, waren wir völlig ausgehungert. Wir stellten das Gepäck ab und gingen zu einer nur ein paar Minuten entfernten Taverne, wo wir nach irgendetwas für Santorin Typischem fragten. Die Bedienung brachte uns Tomaten-Keftedes – gebratene Tomatenbällchen. Ich weiß nicht, ob es die Erschöpfung oder die Aufregung war, aber ich werde den ersten Bissen nie vergessen. Wir vertilgten die Bällchen natürlich im Handumdrehen und bestellten mehr davon. Während unseres restlichen Aufenthaltes auf Santorin aßen wir niemals in einem Restaurant, ohne Tomaten-Keftedes zu bestellen. Diese gesunden Tomatenbällchen sind mein Versuch, Ihnen ein wenig Santorin-Feeling zu schenken.

Für die Tomaten-Keftedes

- Kochspray
- 300 g Kirschtomaten, geviertelt
- 1 Frühlingszwiebel, grüne und weiße Teile fein zerkleinert
- 1 EL warmes Wasser
- 1 EL gehackte frische Minze
- 1/4 TL getrockneter Oregano
- 4 EL Weizenvollkornmehl oder Kichererbsenmehl
- 25 g Pecorino-Romano-Käse, gerieben
- Salz und Pfeffer

Für das Tzatziki

- 60 ml Naturjoghurt mit 0,1 % Fett
- 1 mittelgroße Knoblauchzehe, fein gehackt
- 1/4 EL Olivenöl
- 1/4 EL Rotweinessig
- 1/2 EL gehackter frischer Dill
- 3/4 EL Zitronensaft
- Salz und Pfeffer

Für die Tabouleh

- 1 mittelgroße rote Zwiebel, fein gewürfelt
- 3 EL gehackte frische glatte Petersilie
- 1 EL gehackte frische Minze
- Salz und Pfeffer
- 3 EL Zitronensaft
- Schale von 1/2 Zitrone
- 1 große Handvoll Blumenkohl-Röschen, zu Gemüse-Reis verarbeitet (siehe Seite 25)
- 1 große Gurke, entkernt, mit KLINGE C in Spiralstreifen geschnitten

(Rezept Fortsetzung)

1 Den Ofen auf 200 °C vorheizen. Ein Backblech mit Backpapier belegen und das Papier mit Kochspray fetten.

2 Die Tomaten-Keftedes zubereiten. Alle Keftedes-Zutaten in eine große Schüssel geben. Die Tomaten mit den Händen zerdrücken und das Ganze so lange durchkneten, bis eine dicke und klebrige Mischung entstanden ist. (Bei Bedarf mehr Mehl und/oder Wasser zufügen.) Aus dem Mix etwa sechs golfballgroße Kugeln formen, auf das Backblech legen und ein wenig flach drücken. Die Keftedes 10 Minuten im Ofen backen, dann wenden und weitere 13 bis 15 Minuten braten, bis sie außen gebräunt und innen fest sind.

3 Das Tzatziki zubereiten. Alle Zutaten in einer mittelgroßen Schüssel gründlich verrühren.

4 Die Tabouleh zubereiten. Zwiebeln, Petersilie, Minze, Salz, Pfeffer, Zitronensaft und Zitronenschale in eine große Schüssel geben und sehr gründlich verrühren, bis sich die Zutaten und ihre Aromen gut miteinander verbunden haben (oder in der Küchenmaschine mit dem Rührbesen mischen). Den Blumenkohl-Reis untermischen.

5 Das Gericht fertigstellen. Die Gurken-Nudeln trocken tupfen, um die Feuchtigkeit zu entfernen, und in eine große Schüssel geben. Die Tabouleh hinzufügen und das Ganze gut mischen. Den Salat auf tiefen Tellern anrichten und die heißen Tomaten-Keftedes obenauf legen. Mit Tzatziki garniert servieren.

Gurken-Nudel-Salat mit Feta, Rucola und Rotwein-Vinaigrette

GF VT

ERGIBT
2 Portionen

VORBEREITUNGSZEIT
15 Minuten

NÄHRWERTE
PRO PORTION:
Kalorien: 222
Fett: 18 g
Kohlenhydrate: 14 g
Natrium: 215 mg
Eiweiß: 4 g
Zucker: 8 g

Dieser frische Gurken-Nudel-Salat wird sich schnell zum Liebling für alle Gelegenheiten mausern. Er sieht nicht nur fantastisch aus – und das ganz ohne Mühe –, sondern ist auch jeder Herausforderung gewachsen: Machen Sie ihn durch zusätzliches Eiweiß zu einer richtigen Mahlzeit, servieren Sie ihn zu einem Barbecue als Ergänzung zu gegrilltem Fleisch und Fisch oder bringen Sie ihn als Auftakt zu einem Essen auf den Tisch, um den Appetit anzuregen. Die Gurken-Nudeln sind knackig und wirken elegant, außerdem nehmen sie das Dressing besser auf als grünes Blattgemüse.

Für die Vinaigrette
- 2 EL Olivenöl
- 3 EL Rotweinessig
- 1 EL Zitronensaft
- 1/2 TL getrockneter Oregano
- 1 TL Honig
- Salz und Pfeffer

Für den Salat
- 1 große Gurke, mit KLINGE A in Spiralstreifen geschnitten
- 2 Bund Rucola
- 1/2 rote Zwiebel, mit KLINGE C in Spiralstreifen geschnitten
- 30 g Feta (Schafskäse), zerbröckelt

1 Die Vinaigrette zubereiten. Alle Zutaten in eine mittelgroße Schüssel geben und mit dem Schneebesen gründlich verquirlen.

2 Den Salat zubereiten. Die Gurken-Nudeln mit Küchenpapier trocken tupfen, um die Feuchtigkeit zu entfernen, und in eine große Schüssel geben. Den Rucola und die Zwiebel-Nudeln untermischen.

3 Die Vinaigrette über den Salat gießen und beim Durchmischen darauf achten, dass das Gemüse rundum benetzt ist. Den Feta unterheben. Den Salat noch mal kurz mischen und in einer Salatschüssel oder auf einer Servierplatte anrichten.

Wenn Sie dieses Gericht als Hauptmahlzeit zubereiten, schneiden Sie statt der ganzen Gurke eine halbe Gurke und eine halbe Zucchini in Spiralstreifen – dann wird der Salat herzhafter.

Italienischer Zucchini-Pasta-Salat

GF

ERGIBT
3 Portionen

VORBEREITUNGSZEIT
15 Minuten

NÄHRWERTE
PRO PORTION:
Kalorien: 214
Fett: 16 g
Kohlenhydrate: 10 g
Natrium: 416 mg
Eiweiß: 8 g
Zucker: 3 g

Als Lus Mutter nach New Jersey kam, um meine Familie kennenzulernen, veranstaltete ich eine Dinnerparty. Ich hatte keine Angst vor dem Treffen, aber ich war unsicher, was ich kochen sollte. Ich wollte etwas auftischen, das mit mir, meinen italienisch-amerikanischen Wurzeln und meinen gesunden Kochkünsten zu tun hatte. Ich entschied mich für diesen klassischen Pasta-Salat – aber ohne Pasta. Der Freund meiner Schwester, der weder Zucchini noch sonst etwas mag, das als »gesund« gilt, hat nach dem Essen praktisch seinen Teller abgeschleckt.

Für den Salat

- 2 mittelgroße Zucchini, halbiert und mit KLINGE B in Spiralstreifen geschnitten
- 5 Artischockenherzen aus dem Glas, abgegossen, trocken getupft und geviertelt
- 6 Kirschtomaten, halbiert
- 50 g Provolone(-Käse), gewürfelt
- 80 g Salami am Stück, klein gewürfelt
- 1/2 kleine rote Zwiebel, in feine Ringe geschnitten
- 8 schwarze Oliven ohne Kern, geviertelt

Für das Dressing

- 3 EL Rotweinessig
- 2 EL Olivenöl
- 4 EL Zitronensaft
- 1/2 TL getrockneter Oregano
- 1/2 TL getrocknete Petersilie
- 1/2 TL getrocknetes Basilikum
- 1/4 TL rote Paprikaflocken
- Salz und Pfeffer

1 Das Dressing zubereiten. Alle Dressing-Zutaten in eine mittelgroße Schüssel geben und gründlich verrühren.

2 Den Salat zubereiten. Alle Salat-Zutaten in eine große Schüssel geben und gründlich mischen.

3 Das Dressing über den Salat gießen und das Ganze nochmals gründlich vermengen. Den Salat mindestens 15 Minuten im Kühlschrank durchziehen lassen, bis die Zucchini weich werden. Gekühlt servieren.

Je länger dieser Pasta-Salat im Kühlschrank durchzieht, desto intensiver entfaltet sich der Geschmack und desto weicher werden die Zucchini. Am besten über Nacht im Kühlschrank lassen und vor dem Servieren durchrühren. Der Salat reicht auch für vier kleinere Portionen.

SANDWICHES, WRAPS & MEHR

Tilapia-Tostadas mit Tomaten-Mais-Salsa

Überbackene Thunfisch-Portobello-Pilze mit Pastinaken-Nudeln

Nori-Röllchen mit Rote-Bete-Reis und Chipotle-Teriyaki-Sauce

Bánh Mì mit Hühnchen und griechischem Sriracha-Joghurt

Kohl-Hummus-Wraps mit Gelber Bete und Sprossen

Würzige Salat-Wraps mit Shrimps und Kokos-Limetten-Jícama-Reis

Jalapeño-Truthahn-Burger mit Koriander-Limetten-Kohlrabi-Salat

Süßkartoffel-Mini-Pizzas mit Rucola, Oliven und Zwiebeln

Apfel-Kartoffel-Käsebrötchen

Tilapia-Tostadas mit Tomaten-Mais-Salsa

GF

ERGIBT
3 Portionen

VORBEREITUNGSZEIT
20 Minuten

GARZEIT
25 Minuten

NÄHRWERTE
PRO PORTION:
Kalorien: 532
Fett: 9 g
Kohlenhydrate: 78 g
Natrium: 128 mg
Eiweiß: 41 g
Zucker: 20 g

Ganz egal, mit was man eine herkömmliche Tostada belegt – sie wird immer köstlich schmecken, aber leider schwer im Magen liegen. Mexikanische Tostadas bestehen aus gebratenen Maistortillas, doch die hier vorgestellte »inspiralisierte« Variante wird im Ofen gebacken und mit Kochbananen-Reis zubereitet. Da sich der Gemüse-Reis mit den Kokosflocken verbindet, wird die Mischung beim Backen fest: Herauskommt eine Tostada mit einem Hauch von Süße und genau dem richtigen Biss. Der würzige Tilapia (afrikanischer Buntbarsch) passt gut zu der erfrischenden Tomaten-Mais-Salsa. Mit diesem Rezept, das drei große Tostadas ergibt, verwandeln Sie Ihren Taco-Abend in eine Kochbananen-Tostada-Fete!

Für die Salsa

- 1 frischer Maiskolben, ohne Hüllblätter und Bart
- 1 mittelgroße rote Zwiebel, fein gewürfelt
- 1 mittelgroße reife Tomate, entkernt und klein gewürfelt
- 1 EL Limettensaft
- Salz und Pfeffer

Für die Tostadas

- Kochspray
- 2 große mittelreife Kochbananen, geschält und mit KLINGE C in Spiralstreifen geschnitten, dann zu Reis verarbeitet (siehe Seite 25)
- 1 großes Ei und 1 Eiweiß, leicht verquirlt
- 2 EL ungesüßte Kokosflocken
- Salz und Pfeffer
- 3 Tilapia-Filets à 85 g
- 1 TL Chilipulver
- 3 dünne Limettenscheiben
- 1 Dose (à 400 g) schwarze Bohnen, abgegossen und abgespült
- 1 EL Limettensaft
- 1 EL gehackter frischer Koriander
- 1 kleinen Römersalat, in schmale Streifen geschnitten
- 1 EL Queso fresco (mexikanischer Frischkäse), zerbröckelt

1 Den Ofen auf 200 °C vorheizen. Zwei Backbleche mit Backpapier belegen und das Papier mit einem Hauch Kochspray fetten.

2 Die Salsa vorbereiten. Die Maiskolben in eine mittelgroße Kasserolle legen und mit Wasser bedecken. Eine Prise Salz hinzufügen. Das Wasser bei starker Hitze zum Kochen bringen und den Mais 2 bis 3 Minuten garen, bis sich die Körner leicht mit einer Gabel einstechen lassen. Abgießen, abkühlen lassen und die Maiskörner mit einem Messer von den Kolben lösen und in eine kleine Schüssel füllen.

3 Die Salsa zubereiten. Zwiebeln, Tomaten, Limettensaft, Salz und Pfeffer in einer mittelgroßen Schüssel mischen und die abgekühlten Maiskörner hinzufügen. Beiseite stellen.

4 Die Tostadas vorbereiten. Kochbananen-Reis, Ei, Kokosflocken Salz und Pfeffer in eine mittelgroße Schüssel geben und zu einem Teig vermengen. Mit den Händen ein Drittel des Teigs auf eines der vorbereiteten Backbleche häufen und in eine flache, runde Form bringen, die an eine Tortilla erinnert. Mit dem restlichen Teig ebenso verfahren (die drei Tostadas auf ein und dasselbe Blech setzen). Die Tostadas 15 bis 17 Minuten im Ofen backen, bis sie fest sind.

5 Die Tilapia-Filets mit Chilipulver, Salz und Pfeffer würzen und mit dem Saft von jeweils einer Limettenscheibe beträufeln. Den Fisch auf das zweite vorbereitete Backblech legen, zu den Tostadas in den Ofen schieben und 13 bis 15 Minuten backen.

6 Die Bohnen, Limettensaft und einen Esslöffel Wasser in eine kleine Kasserolle geben und erwärmen. Die Bohnen und den Koriander in eine Küchenmaschine geben und zu einer stückigen Paste verarbeiten.

7 Die Tostadas fertigstellen. Jede Tostada mit einem Drittel der Bohnenpaste bestreichen und mit einem Drittel des Salats bestreuen. Die Tilapia-Filets zerkleinern und gleichmäßig auf dem Salat verteilen. Die Tostada mit Salsa beträufeln und mit Queso fresco garnieren. Sofort servieren.

Sie können aus den Tostadas auch weiche Tacos machen, die sich gut einschlagen lassen. Dafür die Backzeit einfach auf 13 bis 15 Minuten herabsetzen. Statt des Queso fresco können Sie auch Mozarella oder Feta verwenden.

Überbackene Thunfisch-Portobello-Pilze mit Pastinaken-Nudeln

ERGIBT
2 Portionen

GF

VORBEREITUNGSZEIT
15 Minuten

GARZEIT
25 Minuten

NÄHRWERTE
PRO PORTION:
Kalorien: 269
Fett: 13 g
Kohlenhydrate: 24 g
Natrium: 543 mg
Eiweiß: 18 g
Zucker: 4 g

FUNKTIONIERT AUCH GUT MIT
Süßkartoffeln • Steckrüben • Kartoffeln

Meine Großmutter Ida liebt Thunfischsalat mit Kräckern. Ich habe keine Ahnung mehr, wie oft meine Mutter Thunfisch mit Mayonnaise und salzigen Kräckern auf den Tisch stellte, wenn Omi zu Besuch kam. Ich habe das Rezept schließlich zu einer überbackenen Variante weiterentwickelt – auch ohne den Segen von Großmutter Ida. Für die Mayonnaise nehme ich Naturjoghurt mit 0,1 % Fett, der mehr Pep hat und ohne verarbeitetes Fett auskommt. Diese überbackenen Thunfisch-Pilze erfordern ein bisschen mehr Zeit, schmecken dafür aber umso besser. Die warmen Portobello-Kappen und die nussigen Pastinaken-Nudeln sind allein schon Grund genug, dieses Gericht zu lieben – ganz zu schweigen von dem geschmolzenen Provolone, der gesünderen Thunfisch-Creme und den saftigen Tomaten. Am besten isst man das Gericht mit Messer und Gabel, denn lecker kann manchmal auch heißen, dass man sich leicht bekleckert!

Für die Pilze

2 große Portobello-Pilze, Lamellen und harte Stiel-Enden entfernt
Olivenöl
Salz und Pfeffer
1 mittelgroße Knoblauchzehe, gehackt
1 Prise rote Paprikaflocken
1 große Pastinake, geschält und mit KLINGE C in Spiralstreifen geschnitten

Für die Thunfischcreme

3 EL Naturjoghurt mit 0,1 % Fett
1 TL Dijon-Senf
1/4 TL Knoblauchpulver
Salz und Pfeffer
3 TL frischer Zitronensaft
1 Dose (à 140 g) fester Weißer Thunfisch in Wasser, abgegossen

Zum Überbacken

4 dünne Tomatenscheiben
2 Scheiben Provolone(-Käse)
3 TL Schnittlauchröllchen

1 Den Ofen auf 200 °C vorheizen und ein Backblech mit Alufolie belegen. Den Ofen während der Zubereitungszeit nicht ausschalten.

2 Die Pilze vorbereiten. Die Pilzhüte mit der Unterseite nach oben auf das Backblech legen und rundum mit Olivenöl bestreichen. Mit Salz und Pfeffer würzen. Die Pilze 10 Minuten backen, bis sie anfangen, weich zu werden.

3 Einen Esslöffel in einer großen Pfanne auf mittlerer Stufe erhitzen. Wenn das Öl zu schimmern beginnt, den Knoblauch und die Paprikaflocken hinzufügen und 30 Sekunden andünsten, bis sich der Duft entfaltet. Die Pastinaken-Nudeln zugeben und mit Salz und Pfeffer würzen. Die Nudeln zugedeckt 5 Minuten köcheln lassen, bis sie bissfest sind, dabei ab und zu den Deckel öffnen und umrühren. Die Pfanne vom Herd nehmen.

4 Die Thunfischcreme zubereiten. Joghurt, Senf, Knoblauchpulver, Salz, Pfeffer und Zitronensaft in einer mittelgroßen Schüssel verrühren. Den Thunfisch unterheben und abschmecken.

5 Die Pilze füllen und überbacken. Die gebackenen Pilze möglichst gut trocken tupfen. Die Pastinaken-Nudeln gleichmäßig auf die Höhlung der beiden Pilzhüte verteilen und jeweils die Hälfte der Thunfischcreme daraufsetzen. Die Creme jeweils mit zwei Tomatenscheiben bedecken und darauf je eine Scheibe Provolone legen. Die Pilze wieder in den Ofen schieben und 5 Minuten überbacken, bis der Käse geschmolzen ist. Die Pilze mit Schnittlauch garnieren und sofort servieren.

Wenn Sie die Thunfisch-Portobello-Pilze auf dem Grill zubereiten wollen, nur zu! Braten Sie dafür die Pilzhüte zunächst auf dem Grill scharf an.

Nori-Röllchen mit Rote-Bete-Reis und Chipotle-Teriyaki-Sauce

ERGIBT
2 Rollen
(geteilt in 12 Stücke)

V

VORBEREITUNGSZEIT
25 Minuten

NÄHRWERTE
PRO PORTION: 6 Stücke + 4 EL Dip
Kalorien: 290
Fett: 18 g
Kohlenhydrate: 32 g
Natrium: 1257 mg
Eiweiß: 6 g
Zucker: 25 g

FUNKTIONIERT AUCH GUT MIT
Zucchini • Kohlrabi • Möhren

»Wollen wir uns heute Abend Sushi holen?« Gibt es irgendjemanden, der diese Frage verneinen würde? Sushi sind hinreißend, farbenfroh und in einer Fülle unterschiedlicher Geschmacksrichtungen zu haben, doch schlägt der Klebreis in Sachen Kalorien, Zucker und Kohlenhydraten durchaus zu Buche und trägt dazu bei, dass wir uns nach dem Essen unangenehm voll fühlen. Verabschieden Sie sich deshalb von den teuren Sushi-Läden und stellen Sie Ihre eigene Variante aus Gemüse-Reis her! Mit Rote-Bete-Reis schenken Sie dem Gericht Nährstoffe und Farbe und verzichten auf traditionellen Reis, der weniger gut für Ihre Gesundheit ist. Dieser Tausch ist in meinen Augen wirklich »inspiralisierend«!

Für die Sauce

- 4 EL salzarme Sojasauce
- 2 EL Honig
- 1/2 TL gehackter frischer Ingwer
- 1 EL geröstetes Sesamöl
- 1 Chipotle-Chili in Adobo-Sauce, mit 1 TL Sauce
- 1 TL gehackter Knoblauch

Für die Nori-Rollen

- 2 Blätter Nori (getrocknete Algen)
- 1 Avocado, zu Mus zerdrückt
- 1 mittelgroße Rote Bete, geschält und mit KLINGE D in Spiralstreifen geschnitten, dann zu Reis verarbeitet (siehe Seite 25)
- 1/2 Gurke, entkernt, mit KLINGE D in Spiralstreifen geschnitten

1 Den Dip zubereiten. Alle Dip-Zutaten in den Mixer geben und so lange mixen, bis eine cremige, glatte Sauce entstanden ist. Nach Geschmack abschmecken.

2 Die Rollen zubereiten. Ein Nori-Blatt auf eine saubere, trockene Oberfläche legen und die Hälfte des Avocadomuses in einer dünnen Lage auf das Blatt streichen, sodass es komplett bedeckt ist. Die Hälfte des Gemüse-Reises darüber streuen und die Körner mit der Rückseite eines Löffels leicht in das Avocadomus drücken. Die Gurken-Nudeln auf das unterste Viertel des Nori-Blattes geben.

3 Das Blatt von unten nach oben aufrollen, dabei vom Körper weg arbeiten. Ein wenig Druck ausüben und die Rolle mit den Fingern zusammendrücken, damit sie gut zusammenhält. Mit dem zweiten Nori-Blatt ebenso verfahren.

4 Jede Rolle mit einem scharfen Messer in sechs mundgerechte Stücke schneiden. Die Sauce über die Happen träufeln oder zum Dippen separat servieren.

Entscheidend bei diesem Rezept ist die samtig-glatte Konsistenz der zerdrückten Avocado: Ist diese Schicht zu dick oder stückig, lässt sich die Sushi-Rolle nur schlecht aufrollen und fällt rasch auseinander.

Bánh Mì mit Hühnchen und griechischem Sriracha-Joghurt

ERGIBT
4 Sandwiches

VORBEREITUNGSZEIT
20 Minuten

GARZEIT
15 Minuten

NÄHRWERTE
PRO PORTION: **1 Sandwich**
Kalorien: 260
Fett: 6 g
Kohlenhydrate: 27 g
Natrium: 595 mg
Eiweiß: 24 g
Zucker: 23 g

FUNKTIONIERT AUCH GUT MIT
Zucchini • Zwiebeln

Einer meiner einfachsten Tricks besteht darin, ein Sandwich wie ein belegtes Brot zu servieren – dafür sprechen nicht nur gesundheitliche Gründe, sondern auch der bessere Geschmack! Wenn Sie schon einmal ein Bánh-Mì-Sandwich gegessen haben, dann wissen Sie, dass die köstliche Füllung aus eingelegtem Gemüse in diesem klassischen vietnamesischen Imbiss durch das Brot überdeckt werden kann. In dieser Variante habe ich das Brot durch eine Gemüsepaprika ersetzt, die nicht nur für einen knackig-frischen Biss sorgt, sondern auch arm an Kalorien und Kohlenhydraten ist. Und sie liefert die perfekte Verpackung für das, um was es eigentlich geht: das eingelegte, in Spiralstreifen geschnittene Gemüse, das auf Asia-Art marinierte Hühnchen und den eiweißreichen Sriracha-Aufstrich aus Naturjoghurt mit 0,1 % Fett.

Für das eingelegte Gemüse

- 4 EL Reisessig
- 2 EL Honig
- 1/2 TL Salz
- 1 kleiner Daikon-Rettich, geschält und mit KLINGE D in Spiralstreifen geschnitten
- 1 mittelgroße Möhre, geschält und mit KLINGE D in Spiralstreifen geschnitten
- 1 mittelgroße Gurke, mit KLINGE D in Spiralstreifen geschnitten

Für das Hühnchen

- 1 EL extra natives Olivenöl
- 1 EL salzarme Sojasauce
- 1 EL Hoisinsauce
- 1 EL Limettensaft
- 1 TL Honig
- 340 bis 450 g Hühnerbrustfilets, in mundgerechte Stücke geschnitten

Für den Sriracha-Joghurt

- 75 ml Naturjoghurt mit 0,1 % Fett
- 1 EL Sriracha oder eine andere scharfe Sauce

Für die Sandwiches

- 2 große rote Paprikaschoten
- 1 kleine Handvoll frische Korianderblättchen

(Rezept Fortsetzung)

1 Das Gemüse einlegen. Reisessig, Honig und Salz in einer mittelgroßen Schüssel verrühren. Daikon-Rettich-, Möhren- und Gurken-Nudeln hinzufügen und gut mit der Marinade mischen. Dann so lange im Kühlschrank durchziehen lassen, bis das Bánh Mì angerichtet wird, dabei alle 5 Minuten umrühren.

2 Das Hühnchen vorbereiten. Olivenöl, Sojasauce, Hoisinsauce, Limettensaft und Honig in einer flachen Auflaufform verrühren. Die Hühnerfleischstreifen zugeben und mehrfach in der Marinade wenden. Eine große Grillpfanne auf mittlerer Stufe erhitzen. Ist die Pfanne so heiß, dass darin Wassertropfen zischend verdampfen, das Hühnerfleisch hineingeben und unter mehrmaligem Wenden 10 Minuten braten, bis es innen nicht mehr rosa ist. Je nach Größe der Stücke kann die Garzeit auch kürzer sein.

3 Den Joghurt zubereiten. Joghurt und Sriracha in einer kleinen Schüssel verrühren.

4 Die Sandwiches zubereiten. Die Kappen der Paprikaschoten abschneiden. Die Schoten von oben nach unten halbieren und die Kerne sowie die weißen Häute entfernen. Die Innenseite der Schotenhälften mit dem Sriracha-Joghurt bestreichen. Das Hühnerfleisch gleichmäßig auf die Schoten verteilen und mit dem eingelegten Gemüse krönen. Wenn Sie möchten, können Sie das Gemüse mit ein wenig zusätzlichem Joghurt beträufeln. Zum Servieren das Bánh Mì mit Korianderblättchen garnieren.

Kohl-Hummus-Wraps mit Gelber Bete und Sprossen

GF V P

ERGIBT
2 Wraps

VORBEREITUNGSZEIT
15 Minuten

GARZEIT
10 Minuten

NÄHRWERTE
PRO PORTION: 1 Wrap
Kalorien: 225
Fett: 11 g
Kohlenhydrate: 28 g
Natrium: 173 mg
Eiweiß: 7 g
Zucker: 4 g

FUNKTIONIERT AUCH GUT MIT
Zucchini • Gurken • Möhren

Kohlblätter liefern eine natürliche Verpackung für Sandwiches. Die riesigen Blätter verschiedener Mitglieder der Kohlfamilie eignen sich ideal dazu, die Füllung zusammenzuhalten. In dieser Variante verschmilzt die warme, gebackene Gelbe Bete mit der cremigen Avocado und dem Hummus, während die Alfalfa-Sprossen für einen wunderbaren Biss sorgen. Dieser Kohl-Wrap lässt sich im Handumdrehen zubereiten und punktet mit jeder Menge Nährstoffe – perfekt geeignet, um nach einem langen Tag wieder Energie aufzutanken!

- 1 große Gelbe Bete, geschält und mit KLINGE C in Spiralstreifen geschnitten
- Olivenöl-Kochspray
- Salz und Pfeffer
- 2 große Kohlblätter, die dicken Mittelrippen so weit wie möglich entfernen
- 8 EL Hummus
- 1/2 Avocado, geviertelt
- 1 Handvoll Alfalfa-Sprossen

1 Den Ofen auf 200 °C vorheizen.

2 Ein Backblech mit Backpapier belegen. Die Gelbe-Bete-Nudeln in einer gleichmäßigen Schicht auf dem Blech verteilen und leicht mit Olivenöl-Kochspray benetzen. Mit Salz und Pfeffer würzen. Das Gemüse 10 Minuten im Ofen backen, bis es weich ist; dabei nach der Hälfte der Backzeit einmal wenden.

3 Die Kohlblätter auf eine saubere, trockene Arbeitsfläche legen. Das Hummus gleichmäßig auf die beiden Blätter verteilen, dabei einen Randstreifen von 2,5 bis 3,5 cm stehen lassen.

4 Auf beiden Blättern den Hummus mit jeweils der Hälfte der Bete-Nudeln bedecken. Pro Blatt zwei Avocado-Scheiben hinzufügen und die Alfalfa-Sprossen gleichmäßig verteilt auf die Füllung streuen. Die Seiten der Kohlblätter einschlagen und die Blätter wie einen Burrito aufrollen. Jede Rolle in zwei Hälften schneiden und vor dem Servieren mit einem Picker fixieren.

Würzige Salat-Wraps mit Shrimps und Kokos-Limetten-Jícama-Reis

GF
P

ERGIBT
8 Wraps

VORBEREITUNGSZEIT
15 Minuten

GARZEIT
15 Minuten

NÄHRWERTE
PRO PORTION: 1 Wrap
Kalorien: 88
Fett: 3 g
Kohlenhydrate: 10 g
Natrium: 53 mg
Eiweiß: 7 g
Zucker: 2 g

FUNKTIONIERT AUCH GUT MIT
Möhren • Beten • Kohlrabi

Salat-Wraps verändern das Leben. Sie stellen eine gesündere, reinere Alternative zu industriell hergestellten Tortillas oder Wraps dar, und sie sind äußerst vielseitig. Diese Wraps enthalten Chilipulver, Kokosflocken, Limetten und Jícama. Jeder Salat-Wrap transportiert irgendwie Karibik-Feeling und eignet sich perfekt für einen Imbiss am Strand – oder mindestens dazu, die Augen zu schließen und sich Meer, Strand und Palmen vorzustellen.

Für die Shrimps

- 220 g rohe Shrimps, ohne Schale und Darm
- 1 TL Chilipulver
- 1/2 TL geräuchertes Paprikapulver
- Salz und Pfeffer
- 1 EL Olivenöl

Für den Jícama-Reis

- 1 EL extra natives Olivenöl
- 1 EL Knoblauch, gehackt
- 1/2 weiße Zwiebel, in feine Ringe geschnitten
- 1 mittelgroße Jícama, geschält und mit KLINGE C in Spiralstreifen geschnitten, dann zu Reis verarbeitet (siehe Seite 25) und abgegossen
- 3 EL Limettensaft
- 1 EL Kokosflocken

- 8 Kopfsalatblätter

1 Die Shrimps marinieren. Alle Zutaten in eine Schüssel geben. Zutaten gut mischen. Im Kühlschrank durchziehen lassen, während der Gemüse-Reis zubereitet wird.

2 Den Jícama-Reis zubereiten. Das Olivenöl in einer mittelgroßen antihaftbeschichteten Pfanne auf mittlerer Stufe erhitzen. Wenn das Öl zu schimmern beginnt, Knoblauch und Zwiebel hinzufügen und 2 bis 3 Minuten anschwitzen, bis die Zwiebeln glasig sind. Den Jícama-Reis, Limettensaft und die Kokosflocken gut unterrühren. Den Deckel auflegen und den Jícama-Reis unter gelegentlichem Rühren weitere 5 Minuten garen, bis er nicht mehr knackig ist.

3 Eine große antihaftbeschichtete Pfanne auf mittlerer Stufe erwärmen. Ist die Pfanne so heiß, dass darin Wassertropfen zischend verdampfen, die marinierten Shrimps hinzufügen. Die Shrimps auf jeder Seite 2 bis 3 Minuten anbraten, bis sie sich rosa gefärbt haben und nicht mehr durchsichtig sind.

4 Die Wraps fertig stellen. Den Jícama-Reis gleichmäßig auf den Salatblättern verteilen und mit Shrimps krönen. Die Wraps sofort servieren und nach Wunsch mit zusätzlichem Limettensaft beträufeln.

Die Menge der Zutaten reicht auch für zehn Salat-Wraps.

Jalapeño-Truthahn-Burger mit Koriander-Limetten-Kohlrabi-Salat

GF

P

ERGIBT
2 Burger

VORBEREITUNGSZEIT
20 Minuten

GARZEIT
15 Minuten

NÄHRWERTE
PRO PORTION: 1 Burger + Salat
Kalorien: 347
Fett: 16 g
Kohlenhydrate: 18 g
Natrium: 56 mg
Eiweiß: 27 g
Zucker: 8 g

FUNKTIONIERT AUCH GUT MIT
Jícama

Wenn Sie sich im Restaurant einen Burger bestellen, bitten Sie darum, das Brötchen gegen einen Beilagensalat auszutauschen – ein guter Kniff, um sich nach einem Burger nicht übersättigt zu fühlen. Das einzige Problem besteht darin, dass der normale Beilagensalat dem Burger nicht gerecht wird. In diesem Rezept machen Koriander, Limette, Jalapeño und Avocado die Burger-Salat-Kombi zu einem echten Gewinner. Die dezente Schärfe der Jalapeños in dem mageren Puten-Burger harmoniert gut mit der spritzigen Limettenschale in dem knackigen Kohlrabi-Salat. Haben Sie danach jemals wieder Lust auf Burgerbrötchen? Wahrscheinlich nicht.

Für den Salat

- 2 Stangen Staudensellerie, fein gewürfelt
- 2 mittelgroßer Kohlrabi, geschält und mit KLINGE C in Spiralstreifen geschnitten
- 4 EL Limettensaft
- abgeriebene Schale von 1 Limette
- 1 kleine Handvoll Korianderblättchen, zerkleinert
- 1 EL extra natives Olivenöl
- 3 TL Rotweinessig
- 3 TL Honig
- Salz und Pfeffer
- 2 EL frisch gepresster Orangensaft

Für die Burger

- 2 kleine Knoblauchzehen, gehackt
- Salz und Pfeffer
- 450 g mageres Putenhack
- 2 TL gehackte Jalapeños
- 1 TL gemahlener Koriander
- 2 EL gehackte frische Petersilie
- 1 feste reife Avocado, gewürfelt
- 1 EL extra natives Olivenöl
- 2 Fleischtomaten-Scheiben, jeweils etwa 0,5 cm dick
- 1 EL frisch gepresster Limettensaft

1 Den Salat zubereiten. Alle Salat-Zutaten in eine mittelgroße Schüssel geben und gründlich mischen. Im Kühlschrank durchziehen lassen, während die Burger zubereitet werden.

2 Die Burger zubereiten. Knoblauch, Salz, Pfeffer, Putenhack, Jalapeños, Koriander, Petersilie und Avocadowürfel in eine mittelgroße Schüssel geben und zu einem Teig verkneten. Mit den Händen zu zwei gleich großen Burgern formen. Das Olivenöl auf mittlerer Stufe in einer großen Pfanne erwärmen. Wenn das Öl zu schimmern anfängt, die Burger hinzufügen und 3 Minuten anbraten, bis die Unterseite gebräunt ist. Wenden und weitere 3 bis 5 Minuten braten, bis das Fleisch durch ist. Die Burger auf eine Servierplatte legen. Die Pfanne auf dem Herd belassen.

3 Die Tomatenscheiben in dieselbe Pfanne legen. Mit Salz, Pfeffer und Limettensaft würzen. Die Tomaten 1 Minute dünsten, dann wenden und weitere 30 Sekunden garen, bis sie komplett erhitzt sind.

4 Jeden Burger mit einer Tomatenscheibe krönen und mit dem Kohlrabi-Salat servieren.

Die Avocado sollte nicht überreif sein – für den Burger-Teig am besten geeignet sind Früchte, die noch ein wenig fest sind. Ist die Avocado zu weich, wird der ganze Burger breiig.

Süßkartoffel-Mini-Pizzas mit Rucola, Oliven und Zwiebeln

GF VT

ERGIBT
6 Mini-Pizzas

VORBEREITUNGSZEIT
30 Minuten

GARZEIT
30 Minuten

NÄHRWERTE
PRO PORTION: 1 Mini-Pizza
Kalorien: 273
Fett: 20 g
Kohlenhydrate: 14 g
Natrium: 492 mg
Eiweiß: 14 g
Zucker: 6 g

FUNKTIONIERT AUCH GUT MIT
Steckrüben • Kartoffeln • Pastinaken

Es ist definitiv möglich, in Spiralstreifen geschnittenes Gemüse so in der Pfanne zuzubereiten, dass ein pizzaartiger Boden entsteht, aber er lässt sich nur schwer auf einer Platte anrichten – die Nudeln fallen auseinander und die »Kruste« wird rasch durchfeuchtet. Nachdem ich eine ganze Weile herumexperimentiert hatte, erschien es mir leichter, runde Mini-Pizzas mit einem Boden aus Gemüsebrötchenteig herzustellen. Sie eignen sich perfekt für Feste und das Rezept kann problemlos auf zwölf Pizzas verdoppelt werden.

	Kochspray
2	mittelgroße Süßkartoffeln, geschält und mit KLINGE C in Spiralstreifen geschnitten
1 1/2 TL	Knoblauchpulver
	Salz und Pfeffer
2	große Eier, leicht verquirlt
3 1/2 EL	Olivenöl
1/2	rote Zwiebel, in feine Ringe geschnitten
1	große Knoblauchzehe, gehackt
1 Prise	rote Paprikaflocken
6 EL	Marinara-Sauce
1	große Kugel Mozzarella, in dünne Scheiben geschnitten
18	grüne Oliven, halbiert
2 EL	geriebener Parmesan
2 Bund	Rucola

1 Den Ofen auf 230 °C vorheizen.

2 Eine große antihaftbeschichtete Pfanne auf mittlerer Stufe erhitzen und mit Kochspray fetten. Ist die Pfanne so heiß, dass darin Wassertropfen zischend verdampfen, die Süßkartoffel-Nudeln zugeben und mit Knoblauchpulver, Salz und Pfeffer würzen. Den Deckel auflegen und die Nudeln 5 bis 7 Minuten garen, bis sie weich und leicht gebräunt sind.

3 Die Süßkartoffel-Nudeln in eine mittelgroße Schüssel geben und 1 bis 2 Minuten abkühlen lassen. Dann die Eier unterziehen und alles gut verrühren. Sechs 175-ml-Auflaufförmchen jeweils zur Hälfte mit den Nudeln füllen. Jedes Förmchen mit einem Stück Folie bedecken und dieses auf die Nudeln drücken. Nun die Nudeln mithilfe einer Dose fest zusammenpressen und die Förmchen mindestens 15 Minuten kühl stellen, damit sich die Nudeln setzen. (Die Folie entfernen.)

(Rezept Fortsetzung)

4 In einer mittelgroßen antihaftbeschichteten Pfanne auf mittlerer Stufe einen halben Esslöffel Olivenöl erhitzen. Wenn das Öl zu schimmern beginnt, Zwiebeln, Knoblauch und Paprikaflocken hinzufügen und 3 bis 4 Minuten andünsten, bis die Zwiebeln anfangen, weich zu werden. Warm halten.

5 Einen Esslöffel Olivenöl in einer großen antihaftbeschichteten Pfanne auf mittlerer Stufe erhitzen. Wenn das Öl zu schimmern beginnt, zwei Nudel-Pizzas in die Pfanne geben. Am besten bekommt man sie aus den Förmchen, indem man diese umdreht, über die Pfanne hält und auf den Boden klopft. Die Pizzaböden 3 Minuten braten, bis die Nudeln fest sind, und dabei herausstehende Nudeln glätten. Die Böden vorsichtig wenden, mit der Rückseite eines Küchenspatels flach drücken und weitere 2 bis 3 Minuten brutzeln, bis sie fest und gebräunt sind. Mit den übrigen Mini-Pizzas ebenso verfahren, dabei pro Durchgang einen weiteren Esslöffel Öl in die Pfanne geben.

6 Ein Backblech mit Alufolie belegen und mit Kochspray fetten. Die Pizzaböden nebeneinander anordnen und mit jeweils einem Esslöffel Marinara-Sauce beträufeln. Den Mozzarella gleichmäßig auf den Böden verteilen. Mit Salz und Pfeffer würzen. Zum Überbacken die Mini-Pizzas 5 Minuten in den Ofen schieben, bis der Käse geschmolzen ist.

7 Die Mini-Pizzas aus dem Ofen nehmen und die angedünsteten Zwiebeln, die Oliven und den Parmesan-Käse darauf verteilen. Mit dem Rucola krönen und servieren – entweder auf Teller verteilt oder auf einer runden Platte in Form einer »Pizza« angerichtet.

Um diese Mini-Pizzas zuzubereiten, brauchen Sie 175-ml-Förmchen.

Apfel-Kartoffel-Käsebrötchen

GF
VT

ERGIBT
4 Brötchen

VORBEREITUNGSZEIT
20 Minuten

GARZEIT
15 Minuten

NÄHRWERTE
PRO PORTION: 1 Brötchen
Kalorien: 171
Fett: 8 g
Kohlenhydrate: 21 g
Natrium: 38 mg
Eiweiß: 5 g
Zucker: 4 g

FUNKTIONIERT AUCH GUT MIT
Süßkartoffeln • Pastinaken

Eine meiner ältesten Freundinnen hat uns während unserer gemeinsamen Kinder- und Jugendzeit immer dadurch verblüfft, dass sie in einer Pfanne perfekt überbackene Käse-Sandwiches zaubern konnte. Es gibt nicht viele Kinder, die kochen können – aber Dana konnte es. Wir gingen oft zu ihr nach Hause, um unsere Nägel anzumalen, über Jungs zu reden oder uns über unsere Sammelalben auszutauschen. Als wir fertig waren, sahen wir ihr zu, wie sie selbstbewusst am Herd stand und überbackene Käsebrötchen machte. Dieses »inspiralisierte« Rezept eignet sich super für Kinder oder für Erwachsene, die eine gesündere, glutenfreie Variante des klassischen Sandwiches zu schätzen wissen.

	Kochspray
1	große Kartoffel, geschält und mit KLINGE C in Spiralstreifen geschnitten
2	Eier, verquirlt
1	Apfel, mit KLINGE C in Spiralstreifen geschnitten
60 g	Cheddar-Käse, fein gewürfelt
	Salz und Pfeffer
1 1/2 EL	extra natives Olivenöl

1 Eine große antihaftbeschichtete Pfanne auf mittlerer Stufe erhitzen und mit Kochspray fetten. Die Kartoffel-Nudeln hineingeben und bei geschlossenem Deckel 6 bis 8 Minuten garen; dabei von Zeit zu Zeit den Deckel abheben und umrühren. Die Nudeln sind durch, wenn sie anfangen zu bräunen und weich zu werden.

2 Eier, Apfelstreifen, Kartoffel-Nudeln und Käse in eine große Schüssel geben und gut mischen. Mit Salz und Pfeffer abschmecken.

3 Die Hälfte des Olivenöls auf mittlerer Stufe in einer kleinen Pfanne erhitzen. Wenn das Öl zu schimmern beginnt, ist es heiß genug. Eine Schöpfkelle voll der Apfel-Kartoffel-Mischung in die Mitte der Pfanne geben und 2 bis 3 Minuten braten, bis der Boden des Brötchens komplett fest geworden ist. Vorsichtig wenden und mit einem Küchenspatel ein wenig zusammendrücken. Weitere 3 bis 5 Minuten braten, bis das Brötchen vollständig fest ist.

4 Diese Arbeitsschritte für die restlichen drei Brötchen wiederholen, dabei das Olivenöl komplett verarbeiten. Sobald alle Brötchen fertig sind, sofort servieren.

Mit diesem Rezept können Sie ganz leicht einen Auflauf für mehrere Personen machen. Verteilen Sie die Apfel- und Kartoffelnudeln in einer Auflaufform, mischen Sie Käse unter und bestreuen Sie die Oberfläche vor dem Backen mit ein wenig zusätzlichem Käse.

OFENGERICHTE

Mediterranes Pfannengericht mit Roter Bete und Feta

Zucchini-Manicotti aus der Pfanne

Vegetarische Möhren-Enchiladas aus dem Ofen

Steckrüben-Puten-Auflauf mit Gruyère-Brokkoli-Krümeln

Veganer Chipotle-Möhren-Auflauf mit Käsegeschmack

Pastinaken-Grünkohl-Gratin

Weinblatt-Auflauf mit Sellerie-Korinthen-Füllung

Auflauf mit Fenchelwürstchen und Butternusskürbis

Hühnchen-Brokkoli-Pfanne

Mediterranes Pfannengericht mit Roter Bete und Feta

GF VT

ERGIBT
4 Portionen

VORBEREITUNGSZEIT
20 Minuten

GARZEIT
25 Minuten

NÄHRWERTE
PRO PORTION:
Kalorien: 148
Fett: 11 g
Kohlenhydrate: 8 g
Natrium: 459 mg
Eiweiß: 6 g
Zucker: 5 g

Als Lu und ich unseren ersten gemeinsamen Urlaub in Griechenland verbrachten, bestellten wir bei jeder Gelegenheit einen griechischen Salat und einheimisches Bier. Wir fanden schnell heraus, dass die US-Version dieses vegetarischen Salates ganz anders war als das Original, das ohne Kopfsalat auskommt und in erster Linie aus in grobe Stücke zerteilten Tomaten und großen Feta-Brocken besteht. In diesem Rezept mache ich aus diesen traditionellen Salatzutaten ein warmes Gericht. Die Kombination von Oliven, Zwiebeln und frischen Tomaten ist himmlisch – und durch die Beten-Nudeln wird der Geschmack noch intensiver!

150 g	Kirschtomaten, halbiert
2	mittelgroße Knoblauchzehen, gehackt
2 EL	gehackte frische Petersilie
1 TL	getrockneter Oregano
3 TL	Rotweinessig
12	kleine Kalamata-Oliven ohne Stein
1 EL	extra natives Olivenöl
2	kleine Rote Beten, geschält und mit KLINGE C in Spiralstreifen geschnitten
1/2	kleine rote Zwiebel, geschält und mit KLINGE C in Spiralstreifen geschnitten
	Salz und Pfeffer
200 g	Feta (oder Halloumi)
	Petersilie zum Garnieren

1 Den Ofen auf 200 °C vorheizen.

2 Alle Zutaten – außer dem Käse – in eine große Schüssel geben und gründlich mischen.

3 Den Feta im Block in die Mitte einer großen ofenfesten Pfanne legen. Die Rote-Bete-Nudel-Mischung auf den Käse und um ihn herum geben. Die Pfanne mit Alufolie bedecken und das Gericht 20 Minuten im Ofen backen, bis die Nudeln weich sind. Mit Petersilie garnieren und heiß servieren.

Servieren Sie das Gericht als Vorspeise zum Dippen mit Pita-Chips und Selleriestangen oder garnieren Sie es mit gegarten Kichererbsen, gegrillten Shrimps oder gegrilltem Hühnerfleisch und bringen Sie es als herzhaftes Hauptgericht auf den Tisch.

Zucchini-Manicotti aus der Pfanne

ERGIBT
2 Portionen

GF
VT

VORBEREITUNGSZEIT
10 Minuten

GARZEIT
40 Minuten

NÄHRWERTE
PRO PORTION:
Kalorien: 577
Fett: 26 g
Kohlenhydrate: 63 g
Natrium: 1258 mg
Eiweiß: 33 g
Zucker: 6 g

Wenn ich das Abendessen vorbereite, koche ich gewöhnlich für ein oder zwei Personen, was aber nicht heißen soll, dass ich eine Rindfleisch-Lasagne oder einen mit Käse überbackenen Nudelauflauf nicht mag. Diese Manicotti-Pfanne wurde aus der Not geboren: Ich wollte unbedingt Manicotti essen, aber auf keinen Fall alle dafür notwendigen Zutaten kaufen und auf Unmengen von Resten sitzen bleiben. So machte ich eine Variante für die Pfanne – nur für Lu und mich. Die Manicotti-Füllung schmiegt sich in zwei Vertiefungen in einem Bett aus Zucchini-Nudeln, die sich leicht portionieren lassen. Durch die Zucchini wird das Gericht viel leichter und frischer – und, ganz ehrlich, es macht mehr Spaß, es zu essen. Ohne die stärkehaltige Pasta werden Sie die dekadente Füllung noch mehr schätzen: Dort konzentriert sich ohnehin am meisten Geschmack.

1 Den Ofen auf 190 °C vorheizen.

2 Das Öl auf mittlerer Stufe in einer großen gusseisernen oder antihaftbeschichteten Pfanne erhitzen. Wenn das Öl zu schimmern beginnt, Knoblauch, Paprikaflocken und Zwiebeln hinzufügen und 2 bis 3 Minuten andünsten, bis die Zwiebeln glasig sind. Die Tomaten mit dem Saft unterrühren. Mit Salz und Pfeffer würzen. Bei starker Hitze die Sauce zum Kochen bringen. Die Hitze verringern und die Sauce 5 Minuten köcheln lassen. Das Basilikum zugeben und die Sauce weitere 5 Minuten köcheln lassen, bis sie eingedickt ist. Die Pfanne mit der Sauce beiseite stellen.

3 Die Füllung zubereiten. Die drei Käsesorten und das Ei in eine große Schüssel geben und mischen. Mit Salz und Pfeffer würzen.

Für die Sauce

1/2 EL	Olivenöl
1	große Knoblauchzehe, gehackt
1 Prise	rote Paprikaflocken
1/2	mittelgroße rote Zwiebel, fein gewürfelt
1 Dose	(à 400 g) gewürfelte Tomaten
	Salz und Pfeffer
5	Basilikumblätter, gehackt

Für die Füllung

100 g	Parmesan, gerieben
60 g	Ricotta
60 g	Mozzarella, gewürfelt
1	kleines Ei, leicht verquirlt
	Salz und Pfeffer
	Kochspray
3	große Handvoll jungen Spinat
2	Zucchini, mit KLINGE A in Spiralstreifen geschnitten
2 EL	klein gewürfelten Mozzarella
	Pfeffer aus der Mühle

(Rezept Fortsetzung)

4 Eine mittelgroße antihaftbeschichtete Pfanne auf mittlerer Stufe erwärmen und mit Kochspray fetten. Ist die Pfanne so heiß, dass darin Wassertropfen zischend verdampfen, den Spinat hineingeben und unter Rühren etwa 2 Minuten garen, bis er zusammenfällt. Vom Herd nehmen und unter die Käsemischung heben.

5 Die Manicotti fertig stellen. Ungefähr die Hälfte der Sauce aus der Pfanne in einen Messbecher gießen. Auf der verbliebenen Sauce die Zucchini-Nudeln gleichmäßig verteilen und mit der abgegossenen Sauce bedecken. Zwei Vertiefungen in die Nudeln drücken, die Käsemischung hineingeben und ringsherum den Mozzarella verteilen. Das Gericht mit Pfeffer bestreuen (Menge nach Belieben), mit Alufolie bedecken und 20 bis 25 Minuten im Ofen backen, bis die Nudeln weich sind und der Käse geschmolzen ist. Heiß servieren.

Wenn Sie mehr als zwei Personen verköstigen möchten, können Sie die im Rezept angegebenen Mengen problemlos verdoppeln oder verdreifachen und die Füllung auf vier oder sechs Vertiefungen verteilen.

Vegetarische Möhren-Enchiladas aus dem Ofen

GF VT

ERGIBT
4 Portionen

VORBEREITUNGSZEIT
25 Minuten

GARZEIT
35 Minuten

NÄHRWERTE
PRO PORTION:
Kalorien: 360
Fett: 15 g
Kohlenhydrate: 37 g
Natrium: 280 mg
Eiweiß: 16 g
Zucker: 7 g

FUNKTIONIERT AUCH GUT MIT
Butternusskürbis • Steckrüben • Gelber Bete • Süßkartoffeln

Im Grunde ist dieses Rezept nichts anderes als eine große vegetarische Enchilada – aber ohne Tortillas. Rechnen wir es durch: Wenn die Tortilla wegfällt, bleiben die Bohnen, der Mais, das Gemüse und die Gewürze übrig. Anstelle der mit Mehl hergestellten Enchilada-Sauce nehmen wir Dosentomaten und zusätzliche Gewürze. Und wir krönen das Gericht mit unwiderstehlichem geschmolzenem Käse. Durch das Weglassen der traditionell verwendeten stärkehaltigen Zutaten entsteht eine viel leichtere, doch noch immer sättigende Enchilada-Variante.

- Kochspray
- 2 frische Maiskolben, ohne Hüllblätter und Bart
- 1 EL Olivenöl
- 1 TL gehackter Knoblauch
- 1 große weiße Zwiebel, gewürfelt
- 1 mittelgroße rote Paprikaschote, entkernt und klein gewürfelt
- 1 Dose (à 400 g) schwarze Bohnen, abgegossen und abgespült
- 1 Chilischote (am besten Jalapeño), entkernt und fein gehackt
- 2 TL gemahlener Kreuzkümmel
- 2 TL getrockneter mexikanischer Oregano
- 3 TL Chilipulver
- 2 EL gehackter frischer Koriander
- Salz und Pfeffer
- 1 EL frisch gepresster Limettensaft
- 1 Dose (à 400 g) passierte Tomaten
- 3 große Möhren, geschält und mit KLINGE C in Spiralstreifen geschnitten, dann zu Reis verarbeitet (siehe Seite 25)
- 100 g Cheddar(-Käse), klein gewürfelt
- 80 g Parmesan, gehobelt
- 1 kleine Dose (85 g) schwarze Oliven, halbiert

(Rezept Fortsetzung)

1 Den Ofen auf 190 °C vorheizen. Eine ungefähr 4 Liter fassende Auflaufform mit Kochspray fetten.

2 Die Maiskolben in eine mittelgroße Kasserolle legen und mit Wasser bedecken. Eine Prise Salz hinzufügen. Das Wasser bei starker Hitze zum Kochen bringen und den Mais 2 bis 3 Minuten garen, bis sich die Körner kräftig gelb färben und leicht mit einer Gabel einstechen lassen. Abgießen, abkühlen lassen und die Maiskörner mit einem Messer von den Kolben lösen.

3 Das Öl auf mittlerer Stufe in einem großen Topf erhitzen. Wenn das Öl zu schimmern beginnt, Knoblauch, Zwiebeln und Paprikaschote hinzufügen und 2 bis 3 Minuten andünsten, bis die Zwiebeln glasig sind. Bohnen, Chilischoten, Kreuzkümmel, Oregano, Chilipulver, Koriander und Maiskörner zugeben. Mit Salz, Pfeffer und Limettensaft würzen. Die Zutaten gut mischen und 2 bis 3 Minuten garen, bis sich die Aromen entfaltet haben. Tomaten und Möhren-Reis untermischen. Die Mischung unter leichtem Rühren weitere 2 Minuten garen, dann in die Auflaufform füllen.

4 Die beiden Käsesorten in einer kleinen Schüssel mischen und über den Auflauf streuen. Den Auflauf mit Alufolie bedecken und 15 Minuten im Ofen backen, bis der Möhren-Reis durch ist. Die Folie entfernen und den Auflauf weitere 5 bis 10 Minuten backen, bis der Käse geschmolzen ist und anfängt, Blasen zu werfen. Mit Oliven garnieren und heiß servieren.

Je nach Hunger reicht der Auflauf auch für sechs Portionen. Wenn Ihnen der Käse-Auflauf zu üppig ist, lassen Sie den Käse einfach ganz oder teilweise weg. Backen Sie die Gemüsemischung einfach 15 bis 20 Minuten im Ofen und setzen zum Servieren auf jede Portion ein Spiegelei. Reste der Gemüsemischung ohne Käse können Sie auch gut in einem luftdicht verschlossenen Behälter ein, zwei Tage im Kühlschrank aufbewahren.

Steckrüben-Puten-Auflauf mit Gruyère-Brokkoli-Bröseln

GF

ERGIBT
3 Portionen

VORBEREITUNGSZEIT
20 Minuten

GARZEIT
45 Minuten

NÄHRWERTE
PRO PORTION:
Kalorien: 344
Fett: 15 g
Kohlenhydrate: 7 g
Natrium: 146 mg
Eiweiß: 35 g
Zucker: 4 g

Steckrüben-Nudeln machen sich gut in einem Auflauf, da sie robust und gute Geschmacksträger sind. Sie enthalten weniger Stärke als andere Wurzelgemüse und entwickeln beim Garen eine süße und gleichzeitig pikante Note. Der geschmolzene Gruyère bringt einen raffinierten Geschmack ins Spiel und sorgt dafür, dass jeder einzelne Bissen lecker und samtig ist. Krönen Sie den Auflauf mit Brokkoli-Bröseln, um eine lockere Konsistenz zu erzielen.

1 EL	Olivenöl
1	große Knoblauchzehe, gehackt
1	Prise rote Paprikaflocken
1/2	weiße Zwiebel, klein gewürfelt
450 g	Putenhackfleisch
1 TL	getrockneten Oregano
	Salz und Pfeffer
1	mittelgroße Steckrübe, geschält und mit **KLINGE C** in Spiralstreifen geschnitten
1	Handvoll Brokkoli-Röschen
100 g	Gruyère(-Käse), gehobelt

1 Den Ofen auf 200 °C vorheizen.

2 Das Öl auf mittlerer Stufe in einer großen ofenfesten Pfanne erhitzen. Wenn das Öl zu schimmern beginnt, Knoblauch, Paprikaflocken und Zwiebel zugeben und 2 bis 3 Minuten andünsten, bis die Zwiebeln glasig sind. Die Zwiebelmischung an den Rand der Pfanne schieben und das Hackfleisch in die Pfannenmitte geben. Mit Oregano, Salz und Pfeffer würzen und 3 bis 5 Minuten garen, bis das Hackfleisch gebräunt ist (größere Hackfleischbrocken mit einem Holzlöffel zerbröckeln).

3 Das Hackfleisch und die Zwiebeln gründlich vermengen und die Steckrüben-Nudeln untermischen. Das Ganze 5 Minuten garen, bis die Nudeln anfangen, weich zu werden, und in eine ausreichend große Auflaufform füllen.

4 Die Brokkoli-Röschen in der Küchenmaschine zerkleinern, bis eine stückige, krümelartige Konsistenz erreicht ist. Brokkoli und Gruyère in einer mittelgroßen Schüssel mischen und mit Salz und Pfeffer würzen. Die Mischung gleichmäßig über den Auflauf streuen. Den Auflauf mit Alufolie bedecken und 30 Minuten im Ofen backen, bis der Käse geschmolzen ist und die Steckrüben-Nudeln weich sind. Heiß servieren.

Wenn Sie den leicht süßlichen Geschmack der Steckrüben nicht mögen, können Sie auch festkochende Kartoffeln verwenden. Der Auflauf reicht auch für sechs kleinere Portionen.

Veganer Chipotle-Möhren-Auflauf mit Käsegeschmack

GF · V

ERGIBT
4 Portionen

VORBEREITUNGSZEIT
30 Minuten

GARZEIT
25 Minuten

NÄHRWERTE
PRO PORTION:
Kalorien: 267
Fett: 18 g
Kohlenhydrate: 19 g
Natrium: 531 mg
Eiweiß: 9 g
Zucker: 6 g

FUNKTIONIERT AUCH GUT MIT
Süßkartoffeln • Beten • Butternusskürbis • Zucchini • Steckrüben

Dieses Gericht stellt das ultimative Rezept für einen überbackenen Käseauflauf dar: Er kommt ohne Pasta und tatsächlich auch ohne Käse aus und damit ganz ohne schlechtes Gewissen! Sie fragen sich, wie das funktionieren soll? Ganz einfach, die Cashewkerne sorgen für einen angenehmen Biss und die Nährhefe schmeckt nach Käse. Der in den Möhren enthaltene natürliche Zucker wird freigesetzt, während der Auflauf im Ofen gart, und sorgt für einen exquisiten, süßlichen Geschmack, der durch die Schärfe des Chipotles einen zusätzlichen Kick bekommt. Fragen Sie nicht weiter – bereiten Sie einfach diesen Auflauf zu und genießen Sie ihn.

	Kochspray
1 EL	Olivenöl
1	mittelgroße weiße Zwiebel, klein gewürfelt
3	mittelgroße Knoblauchzehen, gehackt
	Salz und Pfeffer
75 g	Cashewkerne (ungesalzen und ungeröstet)
380 ml	Gemüsebrühe
2	Chipotle-Chilis in Adobo-Sauce, fein gehackt
2 EL	Nährhefeflocken
2	große Möhren, halbiert und mit KLINGE B in Spiralstreifen geschnitten

1 Den Ofen auf 175 °C vorheizen. Eine 24 x 32 cm große Auflaufform mit Kochspray fetten.

2 Das Öl auf niedriger bis mittlerer Stufe in einer antihaftbeschichteten Pfanne erhitzen. Wenn das Öl zu schimmern beginnt, Zwiebeln und Knoblauch hinzufügen und 2 bis 3 Minuten andünsten, bis die Zwiebeln glasig sind. Mit Salz und Pfeffer würzen. Die Zwiebelmischung samt Öl, Cashewkernen, Brühe, Chilis und Hefeflocken in den Mixer geben und etwa 1 Minute mixen, bis eine cremige Sauce entstanden ist. Mit Salz und Pfeffer abschmecken.

3 Die Möhren-Nudeln in die Auflaufform geben und die Sauce gleichmäßig darauf verteilen. Den Auflauf mit Alufolie bedecken und 20 Minuten im Ofen backen, bis die Möhren-Nudeln weich sind. Die Folie entfernen und den Auflauf weitere 5 Minuten backen, bis die Oberfläche leicht goldbraun ist.

Der Auflauf reicht auch für sechs kleinere Portionen. Sie haben keine Zeit, um einen Auflauf zuzubereiten? Garen Sie die Möhren-Nudeln einfach 2 bis 3 Minuten in einem Topf mit sprudelndem Wasser. Die Sauce erhitzen – und fertig ist ein schnelles Mahl.

Pastinaken-Grünkohl-Gratin

ERGIBT
4 Portionen

VORBEREITUNGSZEIT
20 Minuten

GARZEIT
1 Stunde 20 Minuten

NÄHRWERTE
PRO PORTION:
Kalorien: 391
Fett: 20 g
Kohlenhydrate: 36 g
Natrium: 435 mg
Eiweiß: 19 g
Zucker: 5 g

FUNKTIONIERT AUCH GUT MIT
Kartoffeln • Süßkartoffeln • Steckrüben • Beten • Butternusskürbis

GF VT

Um ehrlich zu sein, habe ich nie verstanden, was an einem Gratin so Besonderes sein soll – bis ich meine eigene Variante herstellte und die Kartoffeln durch Pastinaken ersetzte. Da Pastinaken leicht süß und nussig sind, schmecken sie köstlich, wenn man sie mit geschmolzenem Gouda krönt. Grünkohl und Knoblauch sorgen in diesem Gericht für Biss und liefern gleichzeitig Nährstoffe. Obwohl die Pastinaken in diesem Gratin wie Kartoffeln aussehen, bringen sie zusätzliche Nährstoffe ins Spiel und reduzieren die Gesamtmenge an Kohlenhydraten und Kalorien. Wenn Sie auf der Suche nach etwas sind, was Sie im Winter für eine Dinnerparty zubereiten oder zu einem Fest mitbringen können, probieren Sie dieses Gratin aus. Die Pastinaken darin können gern unser kleines Geheimnis bleiben.

	Kochspray
1 EL	Olivenöl
2	mittelgroße Knoblauchzehen, gehackt
1/4 TL	rote Paprikaflocken
600–700 g	Grünkohl, gehackt
2 1/2 TL	Thymianblättchen
	Salz und Pfeffer
4	große Pastinaken, geschält, von oben nach unten bis zur Mitte eingeschnitten und mit KLINGE A in Spiralstreifen ge schnitten
200 g	Gouda, klein gewürfelt

1 Den Ofen auf 220 °C vorheizen. Eine Auflaufform (Fassungsvermögen etwa 1,5 Liter) mit Kochspray fetten.

2 Das Öl auf mittlerer Stufe in einer großen Pfanne erhitzen. Wenn das Öl zu schimmern beginnt, Knoblauch und Paprikaflocken hinzufügen und 30 Sekunden andünsten, bis sich der Duft entfaltet. Den Grünkohl und zwei Teelöffel Thymian zugeben. Mit Salz und Pfeffer würzen. Den Kohl 3 bis 5 Minuten dünsten, bis er anfängt zusammenzufallen.

3 Ein Viertel der Pastinaken-Nudeln in die Auflaufform geben und mit einem Drittel des Grünkohls bedecken. Darauf ein weiteres Viertel der Gemüse-Nudeln und ein Drittel des Goudas sowie einen Viertel Teelöffel Thymian verteilen. Es folgt wiederum jeweils eine Schicht Grünkohl, Nudeln und Gouda, auf den der restliche Thymian gestreut wird. Der Rest des Grünkohls, der Nudeln und zum Abschluss der restliche Gouda bilden die letzte Schichtung. Den Auflauf mit Alufolie bedecken und 25 bis 30 Minuten im Ofen backen, bis die Gemüse-Nudeln weich, aber noch bissfest sind.

Das Gratin reicht auch für sechs kleinere Portionen.

Weinblatt-Auflauf mit Sellerie-Korinthen-Füllung

ERGIBT
4 Portionen

GF V P

VORBEREITUNGSZEIT
30 Minuten

GARZEIT
35 Minuten

NÄHRWERTE
PRO PORTION:
Kalorien: 161
Kohlenhydrate: 17 g
Natrium: 232 mg
Eiweiß: 3 g
Zucker: 10 g

FUNKTIONIERT AUCH GUT MIT
Gelber Bete •
Steckrüben •
Weißen Rüben

Nach ein paar vergeblichen Versuchen, zu Hause gefüllte Weinblätter herzustellen, war ich fast so weit, aufzugeben – aber dann entschied ich mich, es noch einmal mit einem Auflauf zu probieren. Wie sich herausstellte, funktionierte es auf diese Weise besser, und bei jedem Bissen hat man mehr von der Füllung im Mund. Servieren Sie den Auflauf in Scheiben geschnitten zu frischem Salat mit griechischem Schafskäse und Kalamata-Oliven – ein Essen mit Mittelmeer-Feeling.

	Kochspray
2 EL	Olivenöl
4	mittelgroße Knoblauchzehen, gehackt
2	Knollensellerie, geschält und mit KLINGE C in Spiralstreifen geschnitten, dann zu Reis verarbeitet (siehe Seite 25)
380 ml	Gemüsebrühe
1	mittelgroße Tomate, entkernt und gewürfelt
	Salz und Pfeffer
125 ml	Zitronensaft
4 EL	gehackter frischer Dill
5 EL	gehackte frische Petersilie
3 EL	gehackte frische Minze
100 g	Korinthen (oder kleine Rosinen)
70 g	Pinienkerne
25 bis 30	eingelegte Weinblätter (aus dem Glas oder vakuumverpackt)

1 Den Ofen auf 175 °C vorheizen. Eine 2-Liter-Auflaufform mit Kochspray fetten.

2 Einen Esslöffel Öl auf mittlerer Stufe in einer großen antihaftbeschichteten Pfanne erhitzen. Wenn das Öl zu schimmern beginnt, den Knoblauch hinzufügen und 30 Sekunden andünsten, bis sich der Duft entfaltet. Den Sellerie-Reis zugeben und mit dem Knoblauch mischen. Die Brühe und die Tomate hinzufügen. Großzügig mit Salz und Pfeffer würzen. Die Reismischung unter gelegentlichem Rühren 3 bis 5 Minuten köcheln lassen, bis die Flüssigkeit eingekocht ist.

3 Die Reismischung in eine große Schüssel füllen. Zitronensaft, alle Kräuter, Korinthen und Pinienkerne hinzufügen und das Ganze gut mischen.

Der Auflauf reicht auch für sechs kleinere Portionen.

4 Den Boden und die Seiten der Auflaufform so mit den Weinblättern auslegen, dass sich die Blätter überlappen und ein wenig über den Rand der Form hängen. Die Reismischung in einer gleichmäßigen Schicht auf den Weinblättern verteilen und mit einer weiteren Schicht Weinblätter bedecken. Die überhängenden Blätter einrollen und fest an den inneren Rand der Auflaufform drücken. Die Weinblätterschicht mit dem restlichen Öl bestreichen und den Auflauf 25 bis 30 Minuten im Ofen backen, bis sich die Blattoberflächen dunkel färben und der Auflauf fest geworden ist.

Auflauf mit Fenchelwürstchen und Butternusskürbis

GF

ERGIBT
4 Portionen

VORBEREITUNGSZEIT
20 Minuten

GARZEIT
40 Minuten

NÄHRWERTE
PRO PORTION:
Kalorien: 573
Fett: 37 g
Kohlenhydrate: 43 g
Natrium: 959 mg
Eiweiß: 21 g
Zucker: 13 g

FUNKTIONIERT AUCH GUT MIT
Süßkartoffeln • Steckrüben • Knollensellerie

Wenn Sie frische Zutaten verwenden, die gerade Saison haben, bekommen Sie ein überaus aromatisches Gericht. In diesem Rezept vereint der Auflauf Winterfenchel und Winterkürbis. Der Anisgeschmack und die Süße des Kürbisses haben echten Symbolcharakter. Und die Krönung des Ganzen ist der Pecorino romano, ein pikanter, salziger Käse. Schlagen Sie der Kälte ein Schnippchen und genießen Sie den Winter mit diesem wärmenden, leckeren Auflauf.

	Kochspray
1 EL	Olivenöl
5	Schweinswürstchen mit Fenchel, Brät herausgedrückt
1	mittelgroße rote Zwiebel, gewürfelt
1/2 TL	rote Paprikaflocken
3	mittelgroße Knoblauchzehen, gehackt
1 Dose	(à 400 g) gewürfelte Tomaten
50 g	Pecorino romano, gerieben
120 g	Walnüsse, grob gehackt
3 EL	gehackte frische Petersilie
1	großer Butternusskürbis, geschält und mit KLINGE C in Spiralstreifen geschnitten, dann zu Reis verarbeitet (siehe Seite 25)
	Salz und Pfeffer

1 Den Ofen auf 190 °C vorheizen. Eine 24 x 32 cm große Auflaufform mit Kochspray fetten.

2 Das Olivenöl auf mittlerer Stufe in einer großen Kasserolle erhitzen. Wenn das Öl zu schimmern beginnt, das Wurstbrät und die Zwiebel hinzufügen und 5 Minuten anbraten, bis das Brät gebräunt ist. Paprikaflocken und Knoblauch zugeben und 30 Sekunden andünsten, bis der Knoblauch zu duften beginnt. Tomaten, Käse, Walnüsse, Petersilie, und den Butternusskürbis-Reis einrühren. Mit Salz und Pfeffer würzen. Noch einmal gut mischen.

3 Die Mischung in die Auflaufform füllen und glatt streichen. 25 bis 30 Minuten im Ofen backen, bis der Kürbis-Reis weich ist. Sofort servieren.

Der Auflauf reicht auch für sechs kleinere Portionen.

Hühnchen-Brokkoli-Pfanne

GF

ERGIBT
4 Portionen

VORBEREITUNGSZEIT
20 Minuten

GARZEIT
40 Minuten

NÄHRWERTE
PRO PORTION:
Kalorien: 428
Fett: 25 g
Kohlenhydrate: 6 g
Natrium: 349 mg
Eiweiß: 45 g
Zucker: 2 g

Diese Hühnchen-Brokkoli-Pfanne bringt das Beste aus beiden Welten zusammen. Da die traditionelle Pasta hier durch Brokkoli ersetzt wird, bleibt eine entsprechende bissfeste Konsistenz erhalten, doch punktet das Gericht mit mehr Nährstoffen und mehr Geschmack. Machen Sie sich keinen Kopf, wenn die Brokkoli-Strünke eher halbmondförmige Scheiben als Gemüse-Nudeln liefern: Der geschmolzene Käse hält alles perfekt zusammen.

3 EL	extra natives Olivenöl
450 g	Hühnerbrustfilet, gewürfelt
	Salz und Pfeffer
2	große Brokkoli, in Röschen zerteilt und die Strünke mit **KLINGE D** in Spiralstreifen geschnitten
2	mittelgroße Knoblauchzehen, gehackt
1	mittelgroße weiße Zwiebel, gewürfelt
125 ml	Hühnerbrühe
1/4 TL	getrockneter Thymian
1/4 TL	getrocknete Petersilie
1/4 TL	Zwiebelpulver
100 g	Cheddar, fein gewürfelt
50 g	Havarti (oder Tilsiter), fein gewürfelt

1 Den Ofen auf 200 °C vorheizen. Einen Esslöffel Öl auf mittlerer Stufe in einer großen ofenfesten Pfanne erhitzen. Wenn das Öl zu schimmern beginnt, das Hühnerfleisch hinzufügen und mit Salz und Pfeffer würzen. Die Fleischwürfel rundum anbraten, bis sie leicht gebräunt sind. Mit dem Bratensaft auf einen Teller geben und beiseite stellen. Die Pfanne nicht reinigen.

2 Leicht gesalzenes Wasser in einem mittelgroßen Topf zum Kochen bringen. Die Brokkoli-Röschen und die Brokkoli-Nudeln zugeben und 2 bis 3 Minuten garen, bis die Röschen weich sind. Abgießen und abtropfen lassen.

3 In der für das Hühnerfleisch verwendeten Pfanne das restliche Öl erhitzen. Wenn das Öl zu schimmern beginnt, Knoblauch und die Zwiebeln hinzufügen und 2 bis 3 Minuten andünsten, bis die Zwiebeln glasig sind. Die Hühnerbrühe zugießen und etwa 2 Minuten lang rühren, bis die Mischung andickt. Hühnerfleisch, Brokkoli-Röschen, Brokkoli-Nudeln, Thymian, Petersilie und Zwiebelpulver untermischen, würzen. Die beiden Käsesorten in einer Schüssel mischen und auf dem Auflauf gleichmäßig verteilen.

4 Den Auflauf mit Alufolie abdecken und 25 Minuten im Ofen backen, bis der Käse Blasen bildet. Die Folie entfernen und den Auflauf weitere 3 bis 5 Minuten backen, bis sich Käse goldbraun färbt.

Der Auflauf reicht auch für sechs kleinere Portionen. Um diesem Gericht noch mehr Geschmack und Biss zu verleihen, können Sie noch eine Schöpfkelle Süßkartoffel-Reis untermischen, bevor Sie den Auflauf mit Käse bestreuen.

REISGERICHTE

Supergericht mit Roter Bete und Quinoa

Querrippe mit Süßkartoffel-Käse-Grütze

Lammkaree mit Senf-Kräuter-Kruste und Gemüse-Couscous

Teriyaki-Lachsbällchen mit Ingwer-Ananas-Reis

Gochugaru-Bibimbap mit Schweinehack und Ingwer

Gebratener Süßkartoffel-Reis

Würzige Meeresfrüchte-Chorizo-Paella

Mit Asiago überbackene Jícama-Pfefferschoten

Vegetarisches Chana Masala mit Kohlrabi

Supergericht mit Roter Bete und Quinoa

ERGIBT
3 Portionen

GF

VORBEREITUNGSZEIT
15 Minuten

V

GARZEIT
15 Minuten

NÄHRWERTE
PRO PORTION:
Kalorien: 312
Fett: 14 g
Kohlenhydrate: 38 g
Natrium: 178 mg
Eiweiß: 12 g
Zucker: 14 g

Wahrscheinlich haben Sie den Begriff Superlebensmittel schon tausendfach gehört, doch was bedeutet er eigentlich? Superlebensmittel haben einen geringen Kalorien-, dafür aber einen hohen Nährstoffgehalt. Was passiert, wenn Sie mehrere Superlebensmittel in einem Gericht kombinieren? Ihre Haut erstrahlt, Ihr Stoffwechsel kommt auf Touren und Sie stärken Ihr Immunsystem. Ich bereite dieses Gericht oft zu, wenn ich vor einem stressigen Reisemarathon eine Extradosis Energie und Nährstoffe brauche.

1 Die Quinoa waschen und mit einem knappen Liter Wasser in einen Topf geben und das Wasser zum Kochen bringen. Die Hitze verringern und die Quinoa 15 Minuten köcheln lassen, bis sie aufgequollen ist. Ist die Quinoa danach noch nicht weich genug, vier Esslöffel Wasser hinzufügen und weiter quellen lassen. Diesen Vorgang bei Bedarf wiederholen, bis die Quinoa weich und schön locker ist.

2 Beten-Reis, Spinat, Mandeln, Avocado und Edamame in einer großen Schüssel mischen.

3 Die Zutaten für das Dressing in eine kleine Schüssel geben und mit dem Schneebesen verquirlen.

4 Die Quinoa und das Dressing zur Beten-Reis-Mischung geben und das Ganze gründlich mischen. Sofort servieren.

80 g Quinoa
2 mittelgroße Rote Beten, geschält und mit KLINGE C in Spiralstreifen geschnitten, dann zu Reis verarbeitet (siehe Seite 25)
2 große Handvoll Spinat, gehackt
40 g Mandelstifte
1 Avocado, gewürfelt
180 g Edamame, gegart

Für das Dressing
4 EL Apfelessig
2 EL Limettensaft
1 EL gehackte frische Minze
2 EL Honig
Salz und Pfeffer

Das Gericht reicht auch für vier kleinere Portionen. Edamame erhalten Sie im Bio- oder Asialaden.

Querrippe mit Süßkartoffel-Käse-Grütze

GF

ERGIBT
2 Portionen

VORBEREITUNGSZEIT
15 Minuten

GARZEIT
2 Stunden 30 Minuten

NÄHRWERTE
PRO PORTION:
Kalorien: 527
Fett: 34 g
Kohlenhydrate: 26 g
Natrium: 914 mg
Eiweiß: 29 g
Zucker: 10 g

FUNKTIONIERT AUCH GUT MIT
Steckrüben • Möhren

Ich bin niemals auf die Idee gekommen, mich für ein College in den Südstaaten zu bewerben – bis ich mit meiner Mutter nach North Carolina fuhr, um meine Schwester in einem Ferienlager abzusetzen. Erschöpft von der langen Fahrt fielen wir in ein Restaurant in Davidson ein und baten die Kellnerin, uns »etwas Südstaatentypisches« zu bringen. Was wurde uns serviert? Eine große Schüssel Grütze. Ich fand den Geschmack langweilig und schaffte es kaum, auch nur einen Löffel davon herunterzuwürgen. Doch ein paar Jahre später, während meines ersten Semesters an der Wake Forest University (ebenfalls in North Carolina), war ich reif für einen zweiten Versuch. Ich bestellte zum Abendessen Shrimps mit Grütze, und es schmeckte wunderbar, da es sich um Käsegrütze handelte. Ganz gleich, ob Sie Grütze lieber pur oder mit Käse essen oder sie zum Frühstück, Mittagessen oder Abendessen zu sich nehmen – diese Variante hier werden Sie lieben! Die Maisgrütze wurde durch Süßkartoffel-Reis ersetzt, der perfekt mit dem auf der Zunge zergehenden Querrippenfleisch harmoniert.

Für das Fleisch

- 450 g Querrippe ohne Knochen
- Salz und Pfeffer
- 1 EL Olivenöl
- 1 mittelgroße weiße Zwiebel, gewürfelt
- 4 Stangen Staudensellerie, gewürfelt
- 2 mittelgroße Knoblauchzehen, gehackt
- 170 ml kräftiger Rotwein (z. B. Chianti)
- 1 Dose (à 400 g) passierte Tomaten
- 380 ml salzarme Rinderbrühe

Für die Süßkartoffel-Käse-Grütze

- 1 EL Olivenöl
- 1 mittelgroße Knoblauchzehe, gehackt
- 1 große Süßkartoffel, geschält und mit KLINGE C in Spiralstreifen geschnitten, dann zu Reis verarbeitet (siehe Seite 25)
- Salz und Pfeffer
- 250 ml salzarme Rinderbrühe
- 4 TL gehackte frische Petersilie
- 50 g Cheddar (oder mittelalter Gouda)

1 Den Ofen auf 175 °C vorheizen.

2 Das Fleisch zubereiten. Das Fleisch mit Salz und Pfeffer würzen. Das Öl auf mittlerer bis hoher Stufe in einem großen Schmortopf erhitzen. Wenn das Öl zu schimmern beginnt, das Fleisch hinzufügen und auf jeder Seite 3 bis 4 Minuten scharf anbraten. Herausnehmen und auf einem Teller beiseite stellen. Die Hitze auf niedrige bis mittlere Stufe verringern.

3 Zwiebeln, Sellerie und Knoblauch in den Topf geben und 2 bis 3 Minuten andünsten, bis die Zwiebeln glasig sind. Wein, Tomaten und Brühe unter Rühren zugeben und bei starker Hitze zum Kochen bringen. Die Sauce mit Salz und Pfeffer abschmecken. Das Fleisch hinzufügen und zugedeckt im Ofen etwa 2,5 Stunden garen, bis es sehr weich ist.

4 Die Süßkartoffel-Käse-Grütze zubereiten. Das Öl auf mittlerer Stufe in einem großen Topf erhitzen. Wenn das Öl zu schimmern beginnt, den Knoblauch hinzufügen und 30 Sekunden andünsten, bis sich der Duft entfaltet. Den Süßkartoffel-Reis zugeben, mit Salz und Pfeffer würzen und 2 Minuten garen. Die Brühe unter Rühren zugießen und die Hitze verringern. Die Grütze 10 bis 15 Minuten köcheln lassen, bis die Brühe eingekocht ist. Drei Teelöffel Petersilie unterrühren und den Topf vom Herd nehmen. Den Käse unterheben und so lange rühren, bis er geschmolzen ist.

5 Das Fleisch in Scheiben schneiden. Die Süßkartoffel-Käse-Grütze mit dem Fleisch und einem guten Löffel Sauce auf tiefen Tellern anrichten. Mit der restlichen Petersilie garnieren und heiß servieren.

Das Gericht reicht auch für vier kleinere Portionen. Soll das Gericht stärker nach Mais schmecken, mischen Sie einfach sechs Esslöffel pürierten Mais unter den Süßkartoffel-Mix.

Lammkaree mit Senf-Kräuter-Kruste und Gemüse-Couscous

ERGIBT
4 Portionen

VORBEREITUNGSZEIT
25 Minuten

GARZEIT
30 Minuten

NÄHRWERTE
PRO PORTION:
Kalorien: 437
Fett: 30 g
Kohlenhydrate: 25 g
Natrium: 752 mg
Eiweiß: 20 g
Zucker: 12 g

FUNKTIONIERT AUCH GUT MIT
Süßkartoffeln • Möhren • Beten • Kohlrabi

Es erfordert ein wenig Mut, sich an ein Lammkotelettstück zu wagen, doch dieses Rezept ist viel einfacher, als es aussieht. Vielleicht wird daraus ja Ihr Standardrezept für Gäste! Das Fleisch ist gut gewürzt und der Weiße-Rüben-Reis einzigartig in puncto Geschmack und Beschaffenheit – daraus wird mit Sicherheit ein Hit. Der Reis quillt auf, während er in der Gemüsebrühe köchelt, und bekommt dadurch eine an Couscous erinnernde Konsistenz, ganz zu schweigen von dem intensiven Geschmack, der hervorragend zu diesem eindrucksvollen Gericht passt.

Für die Semmelbrösel

- 1 Scheibe Vollkornweizenbrot, in Stücke zerteilt
- 1 mittelgroße Knoblauchzehe, gehackt
- 1 EL gehackte frische Thymianblätter
- 1 EL gehackte frische Rosmarinblätter
- 1 TL gehackte frische Petersilie

Für das Lamm

- 1 Lammkarree mit 8 Koteletts am Stück
- Salz und Pfeffer
- 1 EL Olivenöl
- 1 1/2 EL körniger Dijon-Senf

Für den Weiße-Rüben-Reis

- 1 gelbe Paprikaschote
- 1 EL Olivenöl
- 1 große Knoblauchzehe, gehackt
- 1 mittelgroße rote Zwiebel, fein gewürfelt
- 5 Stangen Staudensellerie, fein gewürfelt
- 4 große Weiße Rüben, geschält und mit KLINGE C in Spiralstreifen geschnitten, dann zu Reis verarbeitet (siehe Seite 25)
- Salz und Pfeffer
- 180 ml salzarme Hühnerbrühe
- Gehackte frische Petersilie zum Garnieren

(Rezept Fortsetzung)

1 Den Ofen auf 200 °C vorheizen. Ein Backblech mit Backpapier belegen. Vor der Zubereitung des Fleischs die Paprikaschote für den Weiße-Rüben-Reis enthäuten: den Stiel abschneiden, die Schote halbieren und entkernen. Den Grill einschalten, ein Backblech mit Alufolie belegen und die Schotenhälften mit der Hautseite nach oben darauflegen. Das Blech in einem Abstand von ca. 15 cm unter den Grill schieben. Die Schotenhälften 5 bis 10 Minuten grillen, bis sie komplett geschwärzt sind. Zum Abkühlen in einen luftdicht verschließbaren Behälter legen (und den Grill ausschalten).

2 Die Semmelbrösel zubereiten. Alle Zutaten in den Mixer geben und zu Bröseln verarbeiten.

3 Das Lamm zubereiten. Das Fleisch mit Salz und Pfeffer würzen. Das Öl auf mittlerer Stufe in einer großen Grillpfanne oder einer gusseisernen Pfanne erhitzen. Wenn das Öl zu schimmern beginnt, das Lammkarree hinzufügen und die fleischigen Seiten jeweils 1 bis 2 Minuten scharf anbraten. Vom Herd nehmen. Die Fleischseiten des Lammkarrees mit Senf bestreichen. Die Semmelbrösel auf den Senf streuen und leicht andrücken. Das Fleisch auf das Backblech legen und 20 bis 25 Minuten im Ofen braten, bis es weich, aber innen noch rosa ist. Aus dem Ofen nehmen und 5 Minuten ruhen lassen.

4 Den Weiße-Rüben-Reis zubereiten. Das Öl auf mittlerer Stufe in einer großen antihaftbeschichteten Pfanne erhitzen. Wenn das Öl zu schimmern beginnt, Knoblauch, Zwiebeln und Sellerie hinzufügen und 2 bis 3 Minuten andünsten, bis die Zwiebeln glasig sind. Den Weiße-Rüben-Reis zugeben. Mit Salz und Pfeffer würzen. Die Hühnerbrühe zugießen und das Ganze 5 bis 7 Minuten garen, bis der Gemüse-Reis anfängt, sich leicht zu bräunen.

5 Die Paprikaschote aus dem Behälter nehmen und die verkohlte Haut abziehen. Die Schote in Streifen schneiden und zum Weiße-Rüben-Reis geben.

6 Das Lammkaree in acht Koteletts schneiden. Den Weiße-Rüben-Reis auf vier Teller verteilen und jeweils zwei Koteletts obenauf legen. Mit Petersilie garnieren und sofort servieren.

Teriyaki-Lachsbällchen mit Ingwer-Ananas-Reis

ERGIBT
3 Portionen

VORBEREITUNGSZEIT
20 Minuten

GARZEIT
20 Minuten

NÄHRWERTE
PRO PORTION:
Kalorien: 336
Fett: 13 g
Kohlenhydrate: 28 g
Natrium: 952 mg
Eiweiß: 28 g
Zucker: 16 g

FUNKTIONIERT AUCH GUT MIT
Süßkartoffeln • Beten • Kohlrabi

Diese Lachsbällchen sind aus einem Zufall heraus entstanden. Als ich das Abendessen für Lu und mich zubereitete, bemerkte ich plötzlich, dass ich nur ein kleines Lachsfilet hatte. Da das Rezept schon weitgehend vorbereitetet war, beschloss ich, Lachsfrikadellen zu machen, aber ich hatte keine Semmelbrösel. Als ich suchend in meinen Kühlschrank starrte, erblickte ich ein paar Brokkoli-Röschen und kam auf die Idee, diese in Brotkrümel zu verwandeln. Das Ergebnis? Perfekt weiche Lachsbällchen mit einem leisen Hauch von warmem Brokkoli! Ich werde die Lachsbällchen nie mehr anders zubereiten.

Für die Teriyaki-Sauce

4 EL salzarme Sojasauce
1 mittelgroße Knoblauchzehe, fein gehackt
1 TL geriebener frischer Ingwer
1 EL Honig
2 EL Mirin
Pfeffer

Für die Lachsbällchen

5–6 Brokkoli-Röschen
280 g Lachsfilet ohne Haut
2 EL fein gewürfelte Schalotten
2 TL fein gehackter Knoblauch
Salz und Pfeffer

Für den Reis

1 EL natives Kokosöl
1 TL gehackter frischer Ingwer
1 TL gehackter Knoblauch
1 kleine Frühlingszwiebel, grüne und weiße Teile fein zerkleinert
2 große Möhren, geschält und mit KLINGE C in Spiralstreifen geschnitten, dann zu Reis verarbeitet (siehe Seite 25)
1 Handvoll Ananaswürfel
Salz und Pfeffer

(Rezept Fortsetzung)

1 Den Ofen auf 200 °C vorheizen und ein Backblech mit Backpapier belegen.

2 Die Teriyaki-Sauce anrühren. Die Zutaten in eine kleine Schüssel geben und mit dem Schneebesen verquirlen.

3 Die Lachsbällchen zubereiten. Die Brokkoli-Röschen in einer Küchenmaschine zerkleinern, bis eine an Brotbrösel erinnernde Konsistenz erreicht ist. Lachs, Schalotten, Knoblauch, Salz und Pfeffer zugeben und so lange durcharbeiten, bis das Lachsfilet zerkleinert und die Brokkoli-Brösel gleichmäßig verteilt sind. Aus der Mischung mit den Händen Bällchen mit einem Durchmesser von 2,5 cm formen und diese auf das vorbereitete Backblech setzen. 11 bis 13 Minuten backen, dabei nach der Hälfte der Backzeit einmal wenden.

4 Die Lachsbällchen herausnehmen und mit ein wenig Teriyaki-Sauce bestreichen. Wieder in den Ofen schieben und weitere 5 Minuten backen.

5 Den Gemüse-Reis zubereiten. Das Kokosöl auf mittlerer Stufe in einer großen antihaftbeschichteten Pfanne erhitzen. Wenn das Öl zu schimmern beginnt, Ingwer, Knoblauch und Frühlingszwiebeln hinzufügen und etwa 30 Sekunden andünsten, bis sich der Duft entfaltet. Möhren-Reis, die Ananas und einen Esslöffel Teriyaki-Sauce zugeben. Mit Salz und Pfeffer würzen. Das Ganze gut mischen und 5 bis 7 Minuten garen, bis der Reis anfängt, weich zu werden.

6 Den Gemüse-Reis mit den Lachsbällchen anrichten und sofort servieren.

Die Lachsbällchen passen gut zu Zucchini-Nudeln, die mit Sesamöl, Ingwer und Knoblauch kurz angebraten wurden.

Gochugaru-Bibimbap mit Schweinehack und Ingwer

ERGIBT
2 Portionen

VORBEREITUNGSZEIT
20 Minuten

GARZEIT
15 Minuten

NÄHRWERTE
PRO PORTION:
Kalorien: 489
Fett: 28 g
Kohlenhydrate: 23 g
Natrium: 455 mg
Eiweiß: 38 g
Zucker: 12 g

FUNKTIONIERT AUCH GUT MIT
Zucchini • Möhren • Weißen Rüben

Alles schmeckt besser, wenn man es mit einem Spiegelei krönt! Bei Bibimbap handelt es sich um ein koreanisches Gericht, das aus Reis und verschiedenem Gemüse besteht. Bevor Sie es sich schmecken lassen, sollten Sie jedoch die Zutaten gut miteinander mischen. Und was hält diese zusammen? Das Ei! Wenn das Eigelb angeritzt wird, hüllt es die Zutaten ein und sorgt für eine wunderbar bissfeste Konsistenz mit jeder Menge Geschmack. Der echte Star dieses Reisgerichtes ist hier aber der mit Ingwer, Knoblauch, Frühlingszwiebeln und Gochugaru angedünstete Daikon-Rettich.

- 1 1/2 EL natives Kokosöl oder Pflanzenöl
- 220 g mageres Schweinehack
- 2 TL salzarme Sojasauce
- 3 große Knoblauchzehen, fein gehackt
- Salz und Pfeffer
- 1 TL gehackter frischer Ingwer
- 1 kleine Frühlingszwiebel, grüne und weiße Teile fein zerkleinert
- 2 große Daikon-Rettiche, geschält und mit KLINGE D in Spiralstreifen geschnitten, dann zu Reis verarbeitet (siehe Seite 25) und abgetropft
- 1/2 TL Gochugaru (koreanisches Chilipulver)
- 1/2 EL geröstetes Sesamöl
- 2 große Handvoll Spinat
- Kochspray
- 2 große Eier
- 1 mittelgroße Gurke, mit KLINGE C in Spiralstreifen geschnitten und trocken getupft
- 1/2 TL weiße Sesamsamen

(Rezept Fortsetzung)

1 Einen halben Esslöffel Kokosöl auf mittlerer Stufe in einer großen antihaftbeschichteten Pfanne erhitzen. Wenn das Öl zu schimmern beginnt, das Schweinehack hinzufügen und mit einem Holzlöffel zerbröckeln. Die Sojasauce und einen Esslöffel Knoblauch zugeben. Mit Salz und Pfeffer würzen. Das Hackfleisch unter Wenden 5 Minuten braten, bis es gebräunt ist. In eine Schüssel geben und zudecken.

2 In derselben Pfanne das restliche Kokosöl erhitzen, ebenfalls auf mittlerer Stufe. Wenn das Öl zu schimmern beginnt, den Ingwer und den restlichen Knoblauch hinzufügen und 30 Sekunden andünsten, bis sich der Duft entfaltet. Die Frühlingszwiebeln und den Daikon-Reis unterrühren. Eine Minute andünsten, bis sich der Reis hellbraun zu färben beginnt. Das Gochugaru zugeben und Mischung unter häufigem Rühren etwa 5 Minuten garen, bis der Daikon-Reis gut durchwärmt ist. In eine Schüssel umfüllen und zudecken.

3 In derselben Pfanne und weiterhin auf mittlerer Stufe das Sesamöl erhitzen. Wenn das Öl zu schimmern beginnt, den Spinat zugeben und unter häufigem Rühren etwa 2 Minuten garen, bis er zusammenfällt. In eine Schüssel geben und zudecken.

4 Die Pfanne bei mittlerer Hitze auf den Herd zurückstellen und mit Kochspray fetten. Die Eier in die Pfanne schlagen und 3 bis 5 Minuten braten, bis das Eiweiß fest, das Eigelb aber noch flüssig ist.

5 Daikon-Reis, Hackfleisch, Spinat und Gurken-Nudeln auf zwei tiefe Teller verteilen. Die Sesamsamen über den Spinat streuen und jeden Teller mit einem Spiegelei krönen. Sofort servieren.

Mitunter ist es schwierig, Gochugaru – ein koreanisches Gewürzpulver aus getrockneten Chilischoten – im Lebensmittelhandel zu finden. Wenn es in Ihrer Nähe keinen Asialaden gibt, finden Sie es garantiert in einem Online-Shop. Das Gochugaru-Bibimbap wird Sie so sehr begeistern, dass Sie dieses Gewürz, das sich durch nichts ersetzen lässt, mit Sicherheit wieder verwenden möchten.

Gebratener Süßkartoffel-Reis

GF · VT · P

ERGIBT
2 Tassen Reis

VORBEREITUNGSZEIT
10 Minuten

GARZEIT
10 Minuten

NÄHRWERTANGABEN
PORTIONSGRÖSSE: 1 Tasse
Kalorien: 236
Kohlenhydrate: 22 g
Natrium: 239 mg
Eiweiß: 10 g
Zucker: 7 g

FUNKTIONIERT AUCH GUT MIT
Möhren • Beten • Kohlrabi • Weißen Rüben • Daikon-Rettich • Butternusskürbis

Als ich anfing, den Spiralschneider einzusetzen, versuchte ich zunächst, alle meine kohlenhydratreichen Lieblingsgerichte nachzukochen – und gebratener Reis stand ganz oben auf meiner Liste. Zeigen Sie mir irgendjemanden, der keinen Bratreis mag: Ich würde sie oder ihn nur allzu gern kennenlernen. Gebratener Reis ist ein Klassiker zum Mitnehmen! Diese »inspiralisierte« Variante ist dem Original nachempfunden und schmeckt am nächsten Tag, wenn man die Reste aus dem Kühlschrank holt, fast noch besser – absolut genial!

1 EL	Pflanzen-, Oliven- oder Kokosöl
1/2	mittelgroße weiße Zwiebel, gewürfelt
1	große Süßkartoffel, geschält und mit KLINGE C in Spiralstreifen geschnitten, dann zu Reis verarbeitet (siehe Seite 25)
125 ml	salzarme Gemüse- oder Hühnerbrühe
	Salz und Pfeffer
2	große Eier, leicht verschlagen
75 g	gefrorene gekochte Erbsen oder frische grüne Erbsen
1 TL	salzarme Sojasauce

1 Das Öl in einer großen antihaftbeschichteten Pfanne auf mittlerer Stufe erhitzen. Wenn es zu schimmern beginnt, die Zwiebel zufügen und 2 Minuten anschwitzen, bis sie glasig wird. Den Süßkartoffel-Reis und die Brühe zugeben, alles mit Salz und Pfeffer würzen und unter häufigem Rühren 1 Minute lang kochen, um den Süßkartoffel-Reis zu erwärmen. Die Hitze zurücknehmen und den Reis etwa 5 Minuten leise simmern lassen, bis die Flüssigkeit verkocht ist. Hat der Gemüse-Reis danach noch zu viel Biss, umrühren und weitere 2 Minuten kochen lassen.

2 Eine große antihaftbeschichtete Pfanne auf mittlerer Stufe erhitzen. Ist die Pfanne so heiß, dass darin Wassertropfen zischend verdampfen, die Eier hineingeben und rasch zu Rührei verarbeiten.

3 Das Rührei und die Erbsen unter die Süßkartoffel-Reismischung heben. Dann die Sojasauce zufügen und alles gut miteinander vermengen. Heiß auf den Tisch bringen.

Soll der gebratene Reis ein bisschen klebriger werden, lassen Sie die Brühe weg und verdoppeln Sie die Menge an Öl. Auf diese Weise braucht der Reis länger, um weich zu werden, und nimmt dabei Farbe an.

Würzige Meeresfrüchte-Chorizo-Paella

GF P

ERGIBT
4 Portionen

VORBEREITUNGSZEIT
20 Minuten

GARZEIT
25 Minuten

NÄHRWERTE
PRO PORTION:
Kalorien: 158
Fett: 4 g
Kohlenhydrate: 17 g
Natrium: 307 mg
Eiweiß: 13 g
Zucker: 7 g

FUNKTIONIERT AUCH GUT MIT
Kohlrabi • Butternusskürbis • Beten

Als ich im Ausland studierte, träumte ich davon, Barcelona zu besuchen. Ich träumte nicht von wunderbaren Menschen in edler Kleidung, von der sagenhaften Architektur, von der beeindruckenden Landschaft oder der reichen Geschichte und Kultur. Nein, ich träumte von einer Paella – einer großen Pfanne, gefüllt mit Reis, Fleisch, Meeresfrüchten und spanischen Gewürzen. Als ich endlich dort war, erstarrte ich in Ehrfurcht vor jeder Paella, ganz gleich, ob sie die Größe einer Vorspeise oder eines veritablen Abendessens hatte. Die hier vorgestellte Paella ist eine gesündere, vereinfachte Variante einer Speise, die zu den wirklich bemerkenswertesten der Welt gehört.

- 1 EL Olivenöl
- 1 EL gehackter Knoblauch
- 1/4 TL rote Paprikaflocken
- 1 mittelgroße Zwiebel, klein gewürfelt
- 1 kleine grüne Paprikaschote, entkernt und gewürfelt
- 1 große Chorizo(-Wurst), in etwa 0,5 cm dicke Scheiben geschnitten
- 1 Dose (à 400 g) gewürfelte Tomaten
- 75 g gefrorene Erbsen
- 2 große Möhren, geschält und mit KLINGE C in Spiralstreifen geschnitten, dann zu Reis verarbeitet (siehe Seite 25)
- 1 TL Chilipulver
- 1 TL geräuchertes Paprikapulver
- 1/2 TL gemahlene Kurkuma
- 2 EL Zitronensaft
- 1 EL gehackter frischer Koriander
- Salz und Pfeffer
- 120 g Kabeljaufilet, in 2,5 cm große Würfel geschnitten
- 12 mittelgroße Shrimps (TK-Ware aufgetaut), ohne Schale und Darm
- 2 TL gehackte frische Petersilie

1 Das Öl auf mittlerer Stufe in einer großen Pfanne erwärmen. Wenn das Öl zu schimmern beginnt, Knoblauch, Paprikaflocken, Zwiebeln und Paprikaschote hinzufügen und 2 bis 3 Minuten andünsten, bis die Paprika beginnt, weich zu werden. Die Chorizo zugeben und 2 bis 3 Minuten anbraten, bis sie anfängt, sich zu bräunen. Tomaten, Erbsen, Möhren-Reis, Chilipulver, Paprikapulver, Kurkuma, Zitronensaft, Koriander, Salz und Pfeffer zugeben. Das Ganze gut durchrühren, damit sich die Zutaten verbinden.

2 Kabeljau und Shrimps unter den Reis heben. Die Pfanne zudecken und die Paella ohne umzurühren 5 bis 7 Minuten garen, bis der Fisch und die Shrimps gar sind. Mit Petersilie garnieren und sofort servieren.

Wenn Sie eine Paella-Pfanne haben, benutzen Sie diese. Wenn nicht, nehmen Sie einfach die größte und tiefste Pfanne, die Sie haben – das funktioniert genauso gut.

Mit Asiago überbackene Jícama-Pfefferschoten

ERGIBT
8 halbe Pfefferschoten

VORBEREITUNGSZEIT
15 Minuten

GARZEIT
40 Minuten

NÄHRWERTE
PRO PORTION: 1/2 Pfefferschote
Kalorien: 120
Fett: 9 g
Kohlenhydrate: 6 g
Natrium: 252 mg
Eiweiß: 4 g
Zucker: 1 g

FUNKTIONIERT AUCH GUT MIT
Knollensellerie • Weißen Rüben • Butternusskürbis • Süßkartoffeln

Zu den ersten Gerichten, die ich für mich selbst zubereitete, gehörten mit Quinoa gefüllte Pfefferschoten nach einem Rezept der Vegetarian Times. Davon ist das hier vorgestellte Gericht inspiriert. Es erscheint überaus fantasievoll, ist aber einfach herzustellen. Ich liebe alles, was ich in den Ofen schieben und auf den Tisch bringen kann, ohne mir Gedanken darüber machen zu müssen, wie ich es anrichten soll – es sieht ganz von allein fantastisch aus. Wenn man diese gefüllten Poblano-Schoten anschneidet, versetzt einen der Duft des Korianders und die leichte Würze des Jícama-Reises direkt nach Mexiko – mit einem Umweg über Italien, was dem salzigen Asiago-Käse geschuldet ist.

	Kochspray
1/2 EL	Olivenöl
2 TL	gehackter Knoblauch
1	mittelgroße rote Zwiebel, gewürfelt
1	Avocado, gewürfelt
1 EL	gehackter frischer Koriander
1 kl. Dose	(85 g) schwarze Oliven ohne Stein, geviertelt
1	kleine Jícama, geschält und mit KLINGE C in Spiralstreifen geschnitten, dann zu Reis verarbeitet (siehe Seite 25) und abgetropft
1/2 TL	getrockneter mexikanischer Oregano
1/4 TL	gemahlener Kreuzkümmel
1 TL	Chilipulver
	Salz und Pfeffer
100 g	Asiago (ein nordostitalienischer Käse)
4	große frische Poblano (Pfefferschoten), entkernt und der Länge nach halbiert

1 Den Ofen auf 190 °C vorheizen. Ein Backblech mit höherem Rand oder eine flache Auflaufform mit Kochspray fetten.

2 Das Öl auf mittlerer Stufe in einer großen Pfanne erhitzen. Wenn das Öl zu schimmern beginnt, Knoblauch und Zwiebeln hinzufügen und 2 Minuten andünsten, bis die Zwiebeln glasig sind.

3 Avocado, Koriander, Oliven, Jícama-Reis, Oregano, Kreuzkümmel und Chilipulver hinzufügen. Mit Salz und Pfeffer abschmecken. Die Mischung gut durchrühren und 2 bis 3 Minuten garen, bis der Jícama-Reis die verschiedenen Aromen vollständig aufgenommen und die Farben der Gewürze angenommen hat.

4 Die Mischung in eine große Schüssel umfüllen, die Hälfte des Käses zugeben und das Ganze gründlich mischen.

(Rezept Fortsetzung)

5 Die Pfefferschotenhälften mit so viel Jícama-Reis wie möglich füllen und auf das Backblech legen. Den restlichen Asiago-Käse über die Füllung streuen.

6 Die Pfefferschoten mit Alufolie bedecken und 20 Minuten im Ofen backen. Die Folie entfernen und die Schoten weitere 5 Minuten backen, bis der Käse Blasen wirft und braun wird. Heiß servieren.

Bereiten Sie die »Würzigen Jícama-Streifen« (Seite 56) zu und lassen Sie einen Rest davon für dieses Rezept übrig. Verarbeiten Sie die Streifen zu Reis (siehe Seite 25) und mischen Sie ihn unter die Füllung. Durch diesen Trick sparen Sie Zeit und verleihen den Poblano-Schoten noch mehr Würze.

Vegetarisches Chana Masala mit Kohlrabi

GF VT

ERGIBT
4 Portionen

VORBEREITUNGSZEIT
15 Minuten

GARZEIT
30 Minuten

NÄHRWERTE
PRO PORTION:
Kalorien: 457
Fett: 9 g
Kohlenhydrate: 67 g
Natrium: 555 mg
Eiweiß: 21 g
Zucker: 13 g

FUNKTIONIERT AUCH GUT MIT
Möhren • Knollensellerie • Butternusskürbis • Beten • Süßkartoffeln

Zu Spiralstreifen verarbeitetes Gemüse hat den Vorzug, sogar »schweren« Gerichten Frische und Leichtigkeit zu verleihen – etwa diesem Kichererbsen-Curry aus Südindien. Die Geschmacksnoten sind intensiv würzig und aromatisch, während der Kohlrabi-Reis knackig und köstlich erfrischend ist.

1 EL	natives Kokosöl
1	weiße Zwiebel, gewürfelt
3	große Knoblauchzehen, gehackt
1 EL	gehackter frischer Ingwer
1	Serrano-Chilischote, entkernt und gehackt
1 1/2 TL	Garam Masala
1 1/2 TL	gemahlener Koriander
2 TL	gemahlener Kreuzkümmel
1/2 TL	gemahlene Kurkuma
1/4 TL	Cayennepfeffer
	Salz
2 Dosen	(à 400 g) passierte Tomaten
1 EL	frischer Zitronensaft
2 Dosen	(à 400 g) Kichererbsen, abgegossen und abgespült
2	große Kohlrabi, geschält, mit KLINGE C in Spiralstreifen geschnitten, dann zu Reis verarbeitet (siehe Seite 25)
5 EL	Naturjoghurt mit 0,1 % Fett
1 1/2 EL	gehackter frischer Koriander

(Rezept Fortsetzung)

1 Das Kokosöl auf mittlerer Stufe in einer großen Kasserolle erhitzen. Wenn das Öl zu schimmern beginnt, Zwiebel, Knoblauch, Ingwer und Chilischote hinzufügen und etwa 3 Minuten andünsten, bis die Zwiebel glasig ist. Garam Masala, Koriander, Kreuzkümmel, Kurkuma und Cayennepfeffer zugeben. Mit Salz abschmecken. Damit sich die Gewürzaromen gut verbinden, die Mischung weitere 2 Minuten unter Rühren garen. Die passierten Tomaten und den Zitronensaft zugeben. Das Ganze bei starker Hitze zum Kochen bringen und die Kichererbsen hinzufügen. Die Hitze verringern und das Curry 10 bis 15 Minuten köcheln lassen.

2 Eine große antihaftbeschichtete Pfanne auf mittlerer Stufe erwärmen. Ist die Pfanne so heiß, dass darin Wassertropfen zischend verdampfen, den Kohlrabi-Reis zugeben und unter häufigem Rühren 3 bis 5 Minuten garen, bis der Reis weich und komplett erhitzt ist.

3 Joghurt und Koriander unter das Curry heben. Kohlrabi-Reis und Curry auf tiefen Tellern anrichten und heiß servieren.

Wenn vorhanden, können Sie die Kohlrabiblätter fein zerkleinern und bis zu drei Handvoll unter das leise vor sich hin köchelnde Curry mischen.

PASTA & NUDELN

Beten-Pasta mit Blutorangen, Honig-Walnüssen und knackigem Grünkohl

Sesam-Mandelbutter-Kohlrabi-Topf

Bacon Cacio e Pepe (Bacon mit Käse und Pfeffer)

Spaghetti mit Pesto und Rispentomaten

Würziges Knoblauch-Krebsfleisch mit Pastinaken

Zucchini-Linguine mit Knoblauch-Muschel-Sauce

Im Päckchen gegarter Heilbutt mit Butternusskürbis

Bikini-Bolognese

Albondigas und Chayote-Nudeln mit Tomaten-Serrano-Sauce

Betrunkene Thai-Zucchini-Nudeln mit Schweinehack

Vegane Sellerie-Nudeln »Alfredo« mit Brokkolini

Süßkartoffel-Carbonara

Gebratener Ahi mit Chimichurri

Weiße Rüben mit Pesto und Rosenkohlblättchen

Möhren-Nudeln mit Tofu, Edamame und Miso-Tahini-Dressing

Beten-Pasta mit Blutorangen, Honig-Walnüssen und knackigem Grünkohl

ERGIBT
2 Portionen

GF · V · P

VORBEREITUNGSZEIT
15 Minuten

GARZEIT
20 Minuten

NÄHRWERTE
PRO PORTION:
Kalorien: 383
Fett: 26 g
Kohlenhydrate: 33 g
Natrium: 155 mg
Eiweiß: 7 g
Zucker: 15 g

FUNKTIONIERT AUCH GUT MIT
Gelben Beten • Butternusskürbis

Als Food-Blogger ist man stets detailliert darüber informiert, welche Produkte gerade Saison haben. Wenn auf Twitter jeder über Kürbis schreibt und in Kürbis-Milchkaffee, Kürbis-Keksen, Kürbis-Pfannkuchen, Kürbis-Smoothies und Kürbis-Müsli schwelgt, weiß man, dass der Herbst gekommen ist. Als ich mich eines Tages einloggte, las ich, dass Blutorangen gerade Saison hatten – das hätte ich fast verpasst! Ich sauste in den nächsten Lebensmittelladen, kaufte ein paar davon und eilte zurück in meine Küche, um daraus ein Gericht zuzubereiten, bevor die Gelegenheit dazu endgültig vorüber war. Ich bin froh, dass ich die Mühe auf mich nahm – wenn man eine Orange im Ofen backt, verwandelt sie sich auf magische Weise in eine samtige, luxuriöse und süßere Version ihrer selbst.

Für die Vinaigrette

- Saft von 1/4 Zitrone
- Salz und Pfeffer
- 1 EL Olivenöl
- 1 EL Wasser
- 2 TL Rotweinessig
- 4 EL Orangensaft
- 1 TL körniger Dijon-Senf

Sie können die Grünkohl-Chips auch fertig kaufen (Bioladen oder im Internet), doch selbst zubereitet schmecken sie noch besser. Reste können Sie gut zum Snacken aufheben.

Für den Salat

- 2 mittelgroße Rote Beten, geschält und mit KLINGE C in Spiralstreifen geschnitten
- Olivenöl
- Salz und Pfeffer
- Kochspray
- 1 große Blutorange, geschält und in Viertel oder Achtel geschnitten
- 2 große Handvoll grob gehackte Grünkohlblätter
- 60 g Walnüsse, grob gehackt
- Hochwertiger Honig

(Rezept Fortsetzung)

1 Den Ofen auf 190 °C vorheizen.

2 Die Vinaigrette zubereiten. Die Zutaten in eine kleine Schüssel geben und mit dem Schneebesen verquirlen und kühl stellen.

3 Den Salat zubereiten. Die Beten-Nudeln auf einem Backblech ausbreiten und mit ein wenig Olivenöl beträufeln. Mit Salz und Pfeffer würzen und die Nudeln 15 Minuten im Ofen backen.

4 Ein zweites Backblech mit einem Hauch Kochspray fetten und die Orangenschnitze auf die eine Seite des Bleches, den Grünkohl auf die andere legen. Den Kohl ganz leicht mit Kochspray besprühen und mit Salz und Pfeffer würzen. 10 bis 12 Minuten im Ofen backen. Herausnehmen und den Kohl auf eine Platte legen. Die Orangen auf dem Blech belassen.

5 Die Walnüsse dort auf dem Blech verteilen, wo zuvor der Grünkohl lag. Die Nüsse mit Honig beträufeln und mit einer Zange wenden, bis die Nüsse von allen Seiten überzogen sind. Das Backblech nochmals für 5 Minuten in den Ofen schieben, bis die Nüsse leicht angeröstet sind.

6 Die Beten-Nudeln auf zwei Tellern anrichten und mit den Orangenschnitzen, den Walnüssen und dem Grünkohl krönen. Das Gericht mit Vinaigrette beträufeln und servieren.

Sesam-Mandelbutter-Kohlrabi-Topf

VT

ERGIBT
3 Portionen

VORBEREITUNGSZEIT
15 Minuten

GARZEIT
15 Minuten

NÄHRWERTE
PRO PORTION:
Kalorien: 410
Fett: 31 g
Kohlenhydrate: 23 g
Natrium: 592 mg
Eiweiß: 15 g
Zucker: 11 g

FUNKTIONIERT AUCH GUT MIT
Zucchini • Gurken

Dieses Gericht ist eine Neu-Interpretation von Nudeln mit Erdnuss-Sauce. Im Vergleich zu Letzterer hat Mandelbutter einen höheren Gehalt an Mikronährstoffen wie etwa Kalzium, Eisen, Magnesium und Vitamin E. Den echten Kick liefern jedoch die Kohlrabi-Nudeln mit ihrem milden Geschmack und ihrer knackigen Konsistenz, die jedem einzelnen Bissen Frische schenken. Je länger die Kohlrabi-Nudeln im Dressing ziehen, desto intensiver wird ihr Geschmack: Stellen Sie das Gericht deshalb einige Zeit in den Kühlschrank und genießen Sie es später.

6 EL weiche Mandelbutter
3 EL salzarme Sojasauce
1 EL Honig
1 TL geröstetes Sesamöl
1 EL Limettensaft
1 EL Wasser
Salz und Pfeffer
2 Kohlrabi, mit KLINGE B in Spiralstreifen geschnitten
30 g Mandelstifte (oder geschälte Mandelblättchen), fein gehackt
2 Frühlingszwiebeln, grüne und weiße Teile fein zerkleinert
2 TL weiße Sesamsamen

1 Mandelbutter, Sojasauce, Honig, Sesamöl, Limettensaft, Wasser, Salz und Pfeffer in den Mixer geben und auf langsamer Stufe zu einer cremigen Sauce verarbeiten. In eine Schüssel füllen.

2 Kohlrabi-Nudeln, Frühlingszwiebeln, Mandelbutter-Sauce und Mandeln in eine mittelgroße Schüssel geben und gründlich mischen. Mit den Sesamsamen bestreuen und entweder gleich servieren oder im Eisschrank durchkühlen lassen.

Bacon Cacio e Pepe (Bacon mit Käse und Pfeffer)

GF

ERGIBT
2 Portionen

VORBEREITUNGSZEIT
10 Minuten

GARZEIT
15 Minuten

NÄHRWERTE
PRO PORTION:
Kalorien: 161
Fett: 9 g
Kohlenhydrate: 6 g
Natrium: 360 mg
Eiweiß: 9 g
Zucker: 3 g

FUNKTIONIERT AUCH GUT MIT
Pastinaken • Chayote • Brokkoli • Butternusskürbis • Kohlrabi

Einfach, sexy und dekadent: In diesem Gericht verschmelzen die beiden Käsesorten perfekt mit den warmen Zucchini-Nudeln. In Kombination mit dem Bacon und dem Pfeffer ergibt sich ein so cremiger und leichter Geschmack, dass Sie kaum glauben werden, keine »richtige« Pasta zu essen. Und was am wichtigsten ist: Sie können Ihren romantischen Abend genießen, ohne sich aufgebläht zu fühlen. Meine Damen, falls Sie es schwierig finden, Ihren Mann davon zu überzeugen, Zucchini-Nudeln zu essen, verwöhnen Sie ihn mit diesem Gericht – schon nach dem ersten Bissen wird sich seine Skepsis in Luft auflösen!

- Kochspray
- 3 Streifen Bacon (Frühstücksspeck)
- 1 große Knoblauchzehe, gehackt
- 1 Prise rote Paprikaflocken
- 2 mittelgroße Zucchini, geschält und mit KLINGE C in Spiralstreifen geschnitten
- Pfeffer aus der Mühle
- 60 g Pecorino romano, gerieben
- 60 g Parmigiano reggiano, gerieben
- geriebener Parmigiano reggiano zum Garnieren

1 Eine große Pfanne auf mittlerer Stufe erhitzen und mit einem Hauch von Kochspray fetten. Ist die Pfanne so heiß, dass darin Wassertropfen zischend verdampfen, den Bacon hinzufügen und kross braten. Herausnehmen und auf Küchenpapier abtropfen lassen.

2 In dieselbe Pfanne den Knoblauch und die Paprikaflocken geben und 30 Sekunden andünsten, bis sich der Duft entfaltet. Die Zucchini-Nudeln hinzufügen und unter gelegentlichem Wenden 2 bis 3 Minuten garen, bis sie weich, aber noch bissfest sind. Großzügig mit Pfeffer würzen und die beiden Käsesorten so gründlich untermischen, dass die Nudeln mit dem Käse überzogen sind.

3 Die Käse-Nudeln auf tiefen Tellern anrichten und nach Belieben mit Pfeffer und Parmigiano bestreuen. Den Bacon zerkrümeln und die Nudeln damit krönen. Sofort servieren.

Damit die Zucchini-Nudeln wie auf diesem Rezeptfoto fast wie ganz normale Pasta aussehen, werden die Zucchini geschält, bevor sie mit dem Spiralschneider in Spiralstreifen geschnitten werden.

Spaghetti mit Pesto und Rispentomaten

ERGIBT
3 Portionen

VT GF

VORBEREITUNGSZEIT
20 Minuten

NÄHRWERTE
PRO PORTION:
Kalorien: 277
Fett: 26 g
Kohlenhydrate: 8 g
Natrium: 113 mg
Eiweiß: 6 g
Zucker: 4 g

FUNKTIONIERT AUCH GUT MIT
Beten • Kohlrabi

Gleich nach der einfachen Tomatensauce kommt das Pesto als vollkommene Pasta-Ergänzung. Sein klassisch-italienischer Geschmack erweckt jegliche Pasta zum Leben. In Kombination mit Zucchini-Spaghetti bringt das Pesto in diesem Rezept das Potenzial von Gemüse-Nudeln perfekt zur Geltung. Sie werden das Gefühl haben, in einer italienischen Trattoria zu schlemmen, aber dennoch Ihre schlanke Taille nicht zu gefährden. Wenn Sie noch darüber nachdenken, ob Sie den Spiralschneider einsetzen möchten, empfehle ich Ihnen dieses Rezept – es ist einfach, schnell zuzubereiten und wird Ihnen garantiert schmecken.

- 200 g Basilikum
- 3 EL Pinienkerne
- 4 EL Olivenöl
- 1/2 TL Meersalz aus der Mühle
- 1/4 TL schwarzer Pfeffer aus der Mühle
- 1 große Knoblauchzehe, gehackt
- 3 EL geriebener Parmesan
- 2 mittelgroße Zucchini, mit **KLINGE C** in Spiralstreifen geschnitten
- 200 g möglichst kleine Kirschtomaten, größere halbieren

1 Basilikum, Pinienkerne, Olivenöl, Salz, Pfeffer, Knoblauch und Parmesan in eine Küchenmaschine geben und so lange durcharbeiten, bis ein cremiges Pesto entstanden ist.

2 Zucchini-Nudeln, Tomaten und Pesto in eine große Schüssel geben und gründlich mischen. Zimmerwarm servieren.

Wenn Sie dieses Gericht gegart bevorzugen, erwärmen Sie die Zucchini-Nudeln 2 bis 3 Minuten bei mittlerer Hitze in einer großen Pfanne. Sobald die Nudeln al dente sind, fügen Sie die Tomaten und das Pesto hinzu und rühren die Zutaten 1 bis 2 Minuten, bis sie durchgewärmt sind.

Würziges Knoblauch-Krebsfleisch mit Pastinaken

GF
P

ERGIBT
2 Portionen

VORBEREITUNGSZEIT
15 Minuten

GARZEIT
15 Minuten

NÄHRWERTE
PRO PORTION:
Kalorien: 312
Fett: 14 g
Kohlenhydrate: 27 g
Natrium: 399 mg
Eiweiß: 22 g
Zucker: 7 g

FUNKTIONIERT AUCH GUT MIT
Zucchini • Chayote • Daikon-Rettich • Kohlrabi

Alle Rezepte in diesem Kochbuch sind unwiderstehlich lecker – aber dieses hier ist etwas ganz Besonderes. Pastinaken zählen zu jenen Gemüsen, die man mitunter nicht sonderlich schätzt. In der Regel zerstampft man sie einfach zu Mus oder brät sie gemeinsam mit anderem Wurzelgemüse. Als ich anfing, sie mit dem Spiralschneider zu verarbeiten, lernte ich die Pastinaken jedoch auf ganz neue Art zu schätzen. In diesem Gericht passt ihre Süße fantastisch zu dem Krebsfleisch, das wegen seines eigenen delikaten, süßlichen Geschmacks gepriesen wird. Glauben Sie mir, Sie werden es nicht schaffen, bei diesem Gericht Messer und Gabel beiseite zu legen, bevor Sie Ihre Portion aufgegessen haben.

2 EL	Olivenöl
2	mittelgroße Knoblauchzehen, gehackt
1/4 TL	rote Paprikaflocken
2	große Pastinaken, geschält und mit KLINGE C in Spiralstreifen geschnitten
	Salz und Pfeffer
200 g	Krebsfleisch
1 EL	frisch gepresster Zitronensaft
	Gehackte frische Petersilie
1	kleine Handvoll Erbsensprossen

1 Das Öl auf mittlerer Stufe in einer großen Pfanne erwärmen. Wenn das Öl zu schimmern beginnt, den Knoblauch und die roten Paprikaflocken in die Pfanne geben und 30 Sekunden andünsten, bis sich der Duft entfaltet.

2 Die Pastinaken-Nudeln hinzufügen und großzügig mit Salz und Pfeffer würzen. Deckel auflegen und die Pastinaken-Nudeln 1 bis 3 Minuten garen, bis sie weich, aber noch bissfest sind. Dabei ab und zu den Deckel abnehmen und umrühren.

3 Krebsfleisch und Zitronensaft zu den Nudeln geben und weitere 2 Minuten garen, bis das Krebsfleisch erwärmt ist. Mit Petersilie und Erbsensprossen garnieren und heiß servieren.

Dieses Rezept wird durch den milden Geschmack von echtem Krebsfleisch beflügelt – Krebsfleischimitat (Surimi) funktioniert dagegen nicht annähernd so gut.

Wenn Sie sich nicht weizenfrei ernähren, servieren Sie dieses Gericht mit knusprigem warmem Vollkornbrot oder mit italienischem Brot und tunken die Sauce damit auf. Das Rezept reicht auch für vier kleinere Portionen.

Zucchini-Linguine mit Knoblauch-Muschel-Sauce

ERGIBT
3 Portionen

GF

P

VORBEREITUNGSZEIT
20 Minuten

GARZEIT
25 Minuten

NÄHRWERTE
PRO PORTION:
Kalorien: 237
Fett: 8 g
Kohlenhydrate: 20 g
Natrium: 1077 mg
Eiweiß: 20 g
Zucker: 4 g

FUNKTIONIERT AUCH GUT MIT
Kohlrabi • Butternusskürbis • Pastinaken • Steckrüben • Knollensellerie

Das Lieblingspastagericht meiner Kindheit waren die Knoblauch-Krebsfleisch-Spaghetti meiner Mutter. Die Zutaten waren so bescheiden, aber der Geschmack unglaublich intensiv. Als ich älter wurde und anfing, auswärts zu essen, entdeckte ich Muschel-Sauce. Muscheln haben dasselbe leichte Meeresfrüchte-Aroma, doch ist ihr Geschmack kräftiger und wird von den Zucchini-Nudeln in diesem Gericht perfekt aufgenommen. An einem warmen Sommerabend im Kreis von Freunden und geliebten Menschen schmeckt die Knoblauch-Muschel-Sauce wunderbar – und erinnert uns wieder daran, was wirklich zählt.

2 EL	Olivenöl
2	Knoblauchzehen, gehackt
2	mittelgroße Schalotten, gehackt
1 Prise	rote Paprikaflocken
1 Dose	(Füllgewicht ca. 130 g) zerkleinerte Venusmuscheln, beim Abgießen die Hälfte der Flüssigkeit auffangen
125 ml	trockener Weißwein (z. B. Sauvignon Blanc)
	Salz und Pfeffer
650 g	frische Venusmuscheln, abgespült und geschrubbt
3	große Zucchini, mit KLINGE C in Spiralstreifen geschnitten
2 EL	fein gehackte frische Petersilie
	grob gemahlener Pfeffer aus der Mühle
2	Zitronen, in Viertel geschnitten

1 Das Öl auf mittlerer Stufe in einer großen Kasserolle erhitzen. Wenn das Öl zu schimmern beginnt, Knoblauch und Schalotten hinzufügen und 2 bis 3 Minuten andünsten, bis die Schalotten glasig sind. Paprikaflocken, Muschelsaft und Wein zugeben. Mit Salz und Pfeffer würzen. Den Sud bei starker Hitze zum Kochen bringen und bei geringer Hitze köcheln lassen, bis die Flüssigkeit zur Hälfte eingekocht ist.

2 Die frischen Venusmuscheln in die Sauce geben und zugedeckt 7 bis 10 Minuten gar ziehen lassen. (Alle Muscheln wegwerfen, die sich nach der Garzeit nicht geöffnet haben!) Das Muschelfleisch aus der Dose, die Zucchini-Nudeln und einen Esslöffel Petersilie unterheben und die Mischung 2 bis 3 Minuten garen, bis die Zucchini-Nudeln weich, aber noch bissfest sind.

3 Die Muschel-Zucchini-Pasta auf tiefen Tellern anrichten und mit der restlichen Petersilie, etwas Pfeffer und den Zitronenvierteln garnieren.

Im Päckchen gegarter Heilbutt mit Butternusskürbis

ERGIBT
4 Portionen

GF

VORBEREITUNGSZEIT
20 Minuten

P

GARZEIT
15 Minuten

NÄHRWERTE
PRO PORTION:
Kalorien: 323
Fett: 13 g
Kohlenhydrate: 22 g
Natrium: 207
Eiweiß: 30 g
Zucker: 3 g

Eine der ersten Mahlzeiten, die ich für Lu zubereitete, war Fisch *en papillote* (oder im Pergament-Päckchen) – eine Zubereitungsart, die wirklich fantasievoll und kompliziert klingt, aber das genaue Gegenteil davon ist. Das Ganze sieht trotzdem eindrucksvoll aus (deshalb habe ich mich ja dafür entschieden). Der Saft aus dem Heilbutt dringt in die Butternusskürbis-Nudeln ein und dämpft sie gar, wobei der Geschmack eingeschlossen wird. Wenn Sie Ihr Pergamentpapier-Päckchen öffnen, entfaltet sich ein elegantes Aroma und alle Zutaten sind auf den Punkt gegart. Zum Verpacken eignet sich Butterbrot- oder Backpapier.

- 1 kleiner Butternusskürbis, die bauchige Unterseite entfernt, geschält und mit KLINGE C in Spiralstreifen geschnitten
- 2 EL Olivenöl
- 1 kleine Stange Porree, fein zerkleinert
- 2 mittelgroße Knoblauchzehen, fein zerkleinert
- 60 g grüne Oliven ohne Stein, halbiert
- Schwarzer Pfeffer aus der Mühle
- 4 Heilbuttfilets à 110 g, ohne Haut
- 4 EL frisch gepresster Zitronensaft
- 8 frische Thymianzweige
- Salz

1 Den Ofen auf 200 °C vorheizen.

2 Kürbis-Nudeln, Öl, Porree, Knoblauch und Oliven in eine große Schüssel geben und gut mischen. Mit Pfeffer würzen.

3 Vier 25 x 25 cm große Stücke Pergamentpapier auslegen. Die Nudel-Mischung in vier gleich große Portionen teilen und jeweils eine in die Mitte der Papierstücke legen. Jeweils mit einem Heilbuttfilet krönen und mit jeweils einem Esslöffel Zitronensaft beträufeln. Auf jedes Filet 2 Thymianzweige legen. Mit Salz und Pfeffer würzen.

4 Zum Verschließen der Pergamentpapier-Päckchen, die Papierränder oben und an den Seiten so zusammenfalten und -drücken, dass eine Art Beutel entsteht (siehe Fotos). Die Päckchen auf ein Backblech legen und 10 bis 13 Minuten im Ofen backen. Die Päckchen mithilfe eines Küchenspatels auf die Teller setzen, öffnen und servieren.

Alle in Spiralstreifen geschnittenen Gemüse lassen sich gut in Folien- oder Pergamentpäckchen zubereiten – mit Ausnahme von Gurken-Nudeln, die dafür zu feucht sind.

Bikini-Bolognese

ERGIBT
2 Portionen

GF

VORBEREITUNGSZEIT
20 Minuten

GARZEIT
25 Minuten

NÄHRWERTE
PRO PORTION:
Kalorien: 285
Fett: 11 g
Kohlenhydrate: 31 g
Natrium: 452 mg
Eiweiß: 21 g
Zucker: 6 g

FUNKTIONIERT AUCH GUT MIT
Kohlrabi • Süßkartoffeln • Möhren • Beten • Butternusskürbis • Steckrüben • Knollensellerie • Chayote

Mir gefällt der Gedanke, ein Leben ohne Einschränkungen zu führen, doch einmal hat dies vielleicht nicht so ganz geklappt. Als ich bei einem gemeinsamen Urlaub mit meiner Familie nach einem langen Reisetag in Rom ankam, bestellte mein Vater beim Zimmerservice sein Lieblingspastagericht: Rigatoni mit Sauce bolognese. Da ich damals kein Fleisch aß, sah ich zu, wie es sich meine Familie schmecken ließ. Bis zum heutigen Tag erinnere ich mich an die riesige, mit dicken Rigatoni gefüllte Porzellanschüssel und an den Duft, der den Raum erfüllte. Natürlich folgte ich nicht dem »Damals in Rom«-Mantra. Dieses Rezept ist ein italienischer Klassiker und gehört in Ihr Repertoire.

1/2 Stange	Staudensellerie, gewürfelt
1/2	mittelgroße Möhre, gewürfelt
2 EL	Olivenöl
2	mittelgroße Knoblauchzehen, gehackt
1 TL	rote Paprikaflocken
1/2	mittelgroße rote Zwiebel, fein gewürfelt
	Salz und Pfeffer
220 g	Putenhackfleisch
1 EL	getrockneter Oregano
4 EL	salzarme Hühnerbrühe
1 Dose	(à 400 g) passierte Tomaten
3 TL	Tomatenmark
1	kleine Handvoll Basilikumblätter, in feine Streifen geschnitten
2 bis 2,5	große Zucchini, mit KLINGE C in Spiralstreifen geschnitten
	Parmesan, gehobelt

1 Sellerie und Möhren in eine Küchenmaschine geben und zu stückigem Püree verarbeiten.

2 Das Öl auf mittlerer Stufe in einer großen Pfanne erhitzen. Wenn das Öl zu schimmern beginnt, den Knoblauch hinzufügen und 30 Sekunden andünsten, bis sich der Duft entfaltet. Die Paprikaflocken zugeben und unter Rühren 30 Sekunden andünsten. Die Zwiebeln untermischen und weitere 1 bis 2 Minuten garen, bis sie anfangen, weich zu werden. Mit Salz und Pfeffer würzen.

3 Das Möhren-Sellerie-Püree unterrühren und 2 Minuten garen, bis die Gemüsebröckchen beginnen, weich zu werden. Die Gemüsemischung auf eine Seite der Pfanne schieben und das Hackfleisch auf die andere Seite legen, dabei größere Stücke mit einem Holzlöffel zerkleinern. Eine Prise Oregano hinzufügen und das Hackfleisch so lange anbraten, bis es gebräunt ist. Hackfleisch und Gemüse in der Pfanne mischen und mit einer weiteren Prise Oregano würzen.

4 Die Hühnerbrühe zugießen und das Ganze so lange köcheln lassen, bis die Flüssigkeit aufgenommen ist. Passierte Tomaten und Tomatenmark zugeben. Großzügig mit Salz und Pfeffer würzen. Den restlichen Oregano hinzufügen. Die Sauce bei starker Hitze zum Kochen bringen, dann bei geringer bis mittlerer Hitze 15 Minuten köcheln lassen.

5 Basilikum und die Zucchini-Nudeln gründlich unter die Sauce mischen. Weitere 2 bis 3 Minuten garen, bis die Zucchini-Nudeln weich, aber noch bissfest sind. Mit Parmesan bestreuen und heiß servieren.

Wenn Sie die Bolognese sehr würzig mögen, fügen Sie in Schritt 2 einfach mehr rote Paprikaflocken hinzu.

Albondigas und Chayote-Nudeln mit Tomaten-Serrano-Sauce

GF P

ERGIBT
4 Portionen

VORBEREITUNGSZEIT
25 Minuten

GARZEIT
30 Minuten

NÄHRWERTE
PRO PORTION:
Kalorien: 346
Fett: 11 g
Kohlenhydrate: 35 g
Natrium: 412 mg
Eiweiß: 31 g
Zucker: 19 g

FUNKTIONIERT AUCH GUT MIT
Zucchini • Weißen Rüben • Steckrüben • Kohlrabi • Knollensellerie • Süßkartoffeln • Möhren

Ich habe ein paar meiner Lieblingsaromen genommen und daraus ein mediterran inspiriertes Gericht mit Fleischbällchen (*Albondigas*) gemacht, die ich hier mit Chayote-Nudeln kombiniere. Das Rezept ist eine Abwandlung eines traditionellen italienischen Gerichtes meiner Großeltern, das so besser zu einem gesunden Lebensstil passt, ohne dabei an Geschmack zu verlieren.

Für die Albondigas (Fleischbällchen)

450 g	mageres Rinderhackfleisch
1/2	kleine Zwiebel, fein gewürfelt
1	große Knoblauchzehe, gehackt
1 TL	getrockneter mexikanischer Oregano
2 1/2 EL	gehackte frische Minze
	Salz und Pfeffer

Für die Sauce

1 EL	Olivenöl
1	mittelgroße Knoblauchzehe, gehackt
1/2	mittelgroße Zwiebel, fein gewürfelt
2	scharfe Chilischoten, entkernt und fein gewürfelt
2 Dosen	(à 400 g) gewürfelte Tomaten
	Salz und Pfeffer
2 EL	gehackter frischer Koriander
3	Chayote, mit KLINGE C in Spiralstreifen geschnitten

(Rezept Fortsetzung)

1 Den Ofen auf 190 °C vorheizen und ein Backblech mit Backpapier auslegen.

2 Die Albondigas zubereiten. Alle Fleischbällchen-Zutaten in eine große Schüssel geben und zu einem Teig verkneten. Mit den Händen 8 bis 10 Fleischbällchen mit etwa 2,5 cm Durchmesser formen und auf dem Backblech verteilen. Diese 18 bis 20 Minuten backen, bis sie rundum gebräunt sind, dabei nach der Hälfte der Backzeit einmal wenden.

3 Die Sauce zubereiten. Das Öl auf mittlerer Stufe in einer großen Kasserolle erhitzen. Wenn das Öl zu schimmern beginnt, den Knoblauch hinzufügen und 30 Sekunden andünsten, bis sich der Duft entfaltet. Zwiebeln und Chilischoten zugeben und 2 bis 3 Minuten andünsten, bis die Zwiebel glasig wird. Die Tomatenwürfel hinzufügen und mit einem Kartoffelstampfer oder einer Gabel zerdrücken. Mit Salz und Pfeffer würzen. Die Sauce bei starker Hitze zum Kochen bringen, dann bei niedriger Hitze 10 bis 15 Minuten köcheln lassen, bis sie andickt. Dabei gelegentlich umrühren.

4 Die Fleischbällchen hinzufügen und in der Sauce wenden, bis sie gleichmäßig überzogen sind. Das Ganze 1 bis 2 Minuten köcheln lassen. Die Fleischbällchen aus der Sauce nehmen und beiseite stellen. Die Chayote-Nudeln gründlich unter die Sauce mischen. Weitere 3 Minuten köcheln lassen, bis die Nudeln al dente sind.

5 Die Chayote-Nudeln auf tiefen Tellern anrichten. Die Albondigas obenauf setzen und mit ein wenig Sauce beträufeln. Heiß servieren.

Betrunkene Thai-Zucchini-Nudeln mit Schweinehack

ERGIBT
2 Portionen

VORBEREITUNGSZEIT
15 Minuten

GARZEIT
20 Minuten

NÄHRWERTE
PRO PORTION:
Kalorien: 383
Fett: 22 g
Kohlenhydrate: 18 g
Natrium: 1387 mg
Eiweiß: 27 g
Zucker: 10 g

Familie und Freunde fragen mich oft »Gehen dir denn nie die Rezeptideen aus?« Gewöhnlich ist das Gegenteil der Fall: Ich weiß nie, welche Gerichte ich zuerst ausprobieren soll, denn meine noch abzuarbeitende Rezeptliste ist seitenlang. Aber ich baue auch gern die Nudelklassiker nach, Lo Mein, Spaghetti »Alfredo« und so weiter. So bin ich schließlich auch bei einer Abwandlung von »Betrunkenen Thai-Nudeln« gelandet: In meiner Variante werden die breiten Reisnudeln durch flache Zucchini-Nudeln ersetzt und das Gericht kommt ohne zugesetzten Zucker aus.

- 1 EL Hoisinsauce
- 1 EL salzarme Sojasauce
- 1/2 EL Austernsauce
- 1 EL Thai-Chili-Öl
- 1 EL Thai-Fischsauce oder vietnamesische Fischsauce
- 1 EL natives Kokosöl
- 220 g Schweinehackfleisch
- 2 kleine Schalotten, fein gewürfelt
- 1 mittelgroße Knoblauchzehe, gehackt
- 1 kleine rote Paprikaschote, entkernt und in Streifen geschnitten
- 2 Frühlingszwiebeln, grüne und weiße Teile fein zerkleinert
- 2 mittelgroße Zucchini, mit **KLINGE A** in Spiralstreifen geschnitten
- 3 EL gehackte frische Thai-Basilikumblätter

1 Eine große antihaftbeschichtete Pfanne auf mittlerer Stufe erwärmen. Ist die Pfanne so heiß, dass darin Wassertropfen zischend verdampfen, Hoisinsauce, Sojasauce, Austernsauce, Chili-Öl und Fischsauce zugeben und etwa 2 Minuten unter Rühren erhitzen, bis sich die Aromen miteinander verbunden haben. Den Sud in eine Schüssel füllen und beiseite stellen.

2 In dieselbe Pfanne das Kokosöl geben und ebenfalls auf mittlerer Stufe erwärmen. Wenn das Öl zu schimmern beginnt, das Hackfleisch hinzufügen, mit einem Holzlöffel zerkleinern und etwa 5 Minuten anbraten, bis das Fleisch durch und gebräunt ist. Schalotten und Knoblauch unterheben und das Ganze weitere 2 bis 3 Minuten garen, bis sich die Schalotten zu bräunen beginnen.

3 Die Saucenmischung in die Pfanne gießen und die Paprikaschote sowie die Frühlingszwiebeln hinzufügen. Unter häufigem Rühren 1 Minute garen. Die Zucchini-Nudeln zugeben und 2 bis 3 Minuten garen, bis sie weich sind. Das Basilikum unterheben. Heiß servieren.

Die »Betrunkenen Nudeln« sollen würzig sein – wenn Sie kein Thai-Chili-Öl auftreiben können, greifen Sie zu Sriracha-Sauce oder zu einer Chili-Knoblauch-Sauce.

Vegane Sellerie-Nudeln »Alfredo« mit Brokkolini

GF V P

ERGIBT
4 Portionen

VORBEREITUNGSZEIT
20 Minuten

GARZEIT
20 Minuten

NÄHRWERTE
PRO PORTION:
Kalorien: 155
Fett: 7 g
Kohlenhydrate: 19 g
Natrium: 572 mg
Eiweiß: 7 g
Zucker: 6 g

FUNKTIONIERT AUCH GUT MIT
Steckrüben • Zucchini • Süßkartoffeln • Butternusskürbis • Kohlrabi • Weißen Rüben • Pastinaken

Diese veganen Nudeln »Alfredo« punkten mit einer köstlichen Sauce, die zu jeglicher Art von Gemüse-Pasta passt. In dieser Variante stehen der erdige Geschmack der Sellerie-Nudeln, die warme Milde der Brokkolini und die Alfredo-Konsistenz der Blumenkohlsauce für alles, was diesem »inspiralisierten« Kochbuch am Herzen liegt, nämlich nährstoffreich zu essen und mit Energie versorgt zu werden. Sie werden sich fühlen wie in Italien, wenn Sie die cremigen Nudeln genießerisch um die Gabel wickeln!

1	kleiner bis mittelgroßer Blumenkohl, in Röschen zerteilt
2	Bund Brokkolini (Spargelbrokkoli), harte Stiele abgeschnitten
	Salz
2 EL	Olivenöl
2	mittelgroße Knoblauchzehen, gehackt
2 EL	fein gewürfelte Schalotten
500 ml	Gemüsebrühe
1 1/2 EL	Nährhefeflocken
1/2 TL	Dijon-Senf
4 TL	frisch gepresster Zitronensaft
	Pfeffer
1 Prise	rote Paprikaflocken
2	große Knollensellerie, geschält und mit KLINGE C in Spiralstreifen geschnitten
2 EL	gehackte frische Petersilie

1 Eine große Schüssel mit Eiswürfeln und Wasser bereitstellen.

2 Die Blumenkohl-Röschen in einen großen Topf geben und mit Wasser bedecken. Eine kräftige Prise Salz hinzufügen. Bei starker Hitze zum Kochen bringen, dann bei mittlerer Hitze 5 bis 7 Minuten garen, bis sich die Röschen leicht mit einer Gabel einstechen lassen. Die Röschen mit einem Schaumlöffel aus dem Wasser heben, in eine Schüssel geben.

3 Das Wasser in dem Topf wieder zum Kochen bringen. Die Brokkolini hineingeben und 2 Minuten garen, bis sie weich, aber noch bissfest sind. Abgießen und sofort in das Eiswasser geben, um den Kochprozess zu stoppen und die grüne Farbe zu erhalten. Die Brokkolini trocken tupfen und die Röschen abschneiden. Die Stiele in 2,5 cm lange Stücke schneiden.

(Rezept Fortsetzung)

4 Einen Esslöffel Öl auf mittlerer Stufe in einer mittelgroßen antihaftbeschichteten Pfanne erhitzen. Wenn das Öl zu schimmern beginnt, die Hälfte des Knoblauchs hinzufügen und 30 Sekunden andünsten, bis sich der Duft entfaltet. Die Schalotten zugeben und 2 bis 3 Minuten andünsten, bis sie glasig sind. Den Inhalt der Pfanne, Blumenkohl, Gemüsebrühe, Hefeflocken, Senf und Zitronensaft in einen Mixer geben auf höchster Stufe etwa 1 Minute mixen, bis eine glatte, cremige Sauce entstanden ist. Großzügig mit Salz und Pfeffer würzen und noch mal ganz kurz durchmixen.

5 Das restliche Öl auf mittlerer Stufe in einem großen Topf erhitzen. Wenn das Öl zu schimmern beginnt, den restlichen Knoblauch und die Paprikaflocken hinzufügen und 30 Sekunden andünsten, bis sich der Duft entfaltet. Die Brokkolini-Röschen und -Stiele sowie die Sellerie-Nudeln zugeben. Großzügig mit Salz und Pfeffer würzen. Den Deckel auflegen und die Mischung unter gelegentlichem Rühren 5 bis 7 Minuten garen, bis die Sellerie-Nudeln weich, aber noch bissfest sind. Die Nudel-Brokkolini-Mischung in eine Servierschüssel füllen.

6 Eine mittelgroße Pfanne auf niedriger bis mittlerer Stufe erwärmen. Die Blumenkohlsauce hineingeben und mindestens 5 Minuten simmern lassen, bis sie heiß ist. Die Petersilie einrühren. Die Sauce über die Nudel-Brokkolini-Mischung gießen und gut mischen. Heiß servieren.

Es ist wichtig, den Brokkolini zunächst kurz in kochendes Wasser zu geben, damit der bittere Geschmack gemildert wird. Durch das kurze Blanchieren kommt sein kräftiges, erdiges und leicht süßes Aroma optimal zur Geltung.

Süßkartoffel-Carbonara

GF

ERGIBT
4 Portionen

VORBEREITUNGSZEIT
15 Minuten

GARZEIT
15 Minuten

NÄHRWERTE
PRO PORTION:
Kalorien: 345
Fett: 22 g
Kohlenhydrate: 21 g
Natrium: 725 mg
Eiweiß: 14 g
Zucker: 9 g

Die Süßkartoffel-Nudeln eignen sich perfekt für dieses Gericht, da sie die verquirlten Eier aufsaugen und dank ihres natürlichen Zuckers der Carbonara-Sauce einen wirklich neuen Kick verleihen. Der pikante Pancetta sorgt für den entsprechenden Ausgleich. Betrachten Sie dieses Pastagericht als eine etwas süßere, buntere und gesündere Version des Originals.

	Kochspray
2	große Süßkartoffeln, geschält und mit KLINGE C in Spiralstreifen geschnitten
2 EL	Olivenöl
2	mittelgroße Knoblauchzehen, gehackt
1/4 TL	rote Paprikaflocken
1/2	mittelgroße rote Zwiebel, gewürfelt
150 g	Pancetta (Bauchspeck), gewürfelt
2	große Eier
100 g	Parmesan, gerieben
	Salz und Pfeffer

1 Eine große antihaftbeschichtete Pfanne auf mittlerer Stufe erhitzen und mit Kochspray fetten. Ist die Pfanne so heiß, dass darin Wassertropfen zischend verdampfen, die Süßkartoffel-Nudeln hineingeben und unter häufigem Wenden 5 bis 7 Minuten dünsten, bis sie weich und leicht gebräunt sind.

2 In einer zweiten großen antihaftbeschichteten Pfanne das Öl auf mittlerer Stufe erhitzen. Wenn das Öl zu schimmern beginnt, Knoblauch und Paprikaflocken hinzufügen und unter Rühren 30 Sekunden andünsten, bis sich der Duft entfaltet. Die Zwiebeln unterrühren und 2 bis 3 Minuten dünsten, bis sie anfangen, weich zu werden. Den Pancetta zugeben und das Ganze unter häufigem Rühren weitere 5 Minuten garen. Die Pfanne kurz beiseite stellen.

3 Eier und Käse in einer mittelgroßen Schüssel verquirlen, bis die Mischung eine samtig-glatte Konsistenz hat. Mit Salz und Pfeffer würzen.

4 Die Süßkartoffel-Nudeln unter den Pancetta mischen. Sicherstellen, dass die Nudeln noch sehr heiß sind (eventuell kurz erhitzen). Den Herd ausstellen und die Eier-Käse-Mischung langsam über die Nudeln gießen, dabei ständig umrühren, damit die Eier stocken und die Nudeln gleichmäßig mit der Mischung überzogen werden. Heiß servieren.

Falls Sie im Supermarkt oder beim Metzger keinen Pancetta finden, können Sie ihn durch Bacon (Frühstücksspeck) ersetzen.

Gebratener Ahi mit Chimichurri

GF
P

ERGIBT
2 Portionen

VORBEREITUNGSZEIT
20 Minuten

GARZEIT
10 Minuten

NÄHRWERTE
PRO PORTION:
Kalorien: 360
Fett: 22 g
Kohlenhydrate: 14 g
Natrium: 57 mg
Eiweiß: 27 g
Zucker: 3 g

Meine Freundin Jen, die ihre Ausbildung an der internationalen Kochschule *Le Cordon Bleu* in Paris absolvierte, nahm an einem Fernseh-Kochwettbewerb teil und musste die Jury mit nur einem Gericht überzeugen. Als sie sich für die Kochshow vorbereitete, lud sie mich ein, um verschiedene Rezepte auszuprobieren. Darunter war ein Gericht, das stilvoll mit einer Chimichurri-Sauce beträufelt war. Ich weiß immer noch, wie spritzig sie war, und machte mich auf meine Weise daran, die Sauce nachzubauen. In diesem Rezept mit leichten Gurken-Nudeln und scharf angebratenem Thunfisch vollbringt sie wahre Wunder.

Für die Chimichurri-Sauce

1/2 Bund	glatte Petersilie
1/2 TL	getrockneter Oregano
1	Handvoll Korianderblättchen
2	mittelgroße Knoblauchzehen, gehackt
1/2	scharfe Chilischote, entkernt und fein gewürfelt
1/4	einer mittelgroßen weißen Zwiebel, gewürfelt
1 1/2 EL	Rotweinessig
2 EL	Olivenöl
	Salz und Pfeffer

Für den Fisch

2 Filets	à 110 g vom Gelbflossen-Thun (Ahi)
	Salz
	Schwarzer Pfeffer aus der Mühle, grob gemahlen
1 EL	Olivenöl
2 EL	Limettensaft
1	große Gurke, entkernt und mit KLINGE D in Spiralstreifen geschnitten, trocken getupft und gekühlt

1 Die Sauce zubereiten. Alle Saucen-Zutaten in den Mixer geben und zu einer glatten, cremigen Sauce verarbeiten.

2 Die Fischfilets großzügig von beiden Seiten mit Salz und Pfeffer bestreuen und die Gewürze mit den Händen ein wenig andrücken. Das Olivenöl auf mittlerer Stufe in einer großen antihaftbeschichteten Pfanne erhitzen. Wenn das Öl zu schimmern beginnt, den Thunfisch zugeben und von jeder Seite 1 bis 1,5 Minuten anbraten. Den Thunfisch mit Limettensaft beträufeln, aus der Pfanne nehmen und in etwa 1,25 cm breite Streifen schneiden.

3 Die nochmals trocken getupften Gurken-Nudeln auf zwei Tellern anrichten und mit Chimichurri-Sauce beträufeln. Die Thunfischstreifen auf die Nudeln legen und ebenfalls mit etwas Sauce beträufeln. Sofort servieren.

Wenn Sie den Thunfisch stärker durchgebraten bevorzugen, garen Sie die Filets auf jeder Seite 2 bis 3 Minuten länger. Falls Sie den Ahi (Gelbflossen-Thunfisch) weder frisch noch gefroren bekommen, können Sie auch den gängigen roten Thunfisch verwenden.

Weiße Rüben mit Pesto und Rosenkohlblättchen

GF V P

ERGIBT
3 Portionen

VORBEREITUNGSZEIT
15 Minuten

GARZEIT
15 Minuten

NÄHRWERTE
PRO PORTION:
Kalorien: 310
Fett: 26 g
Kohlenhydrate: 17 g
Natrium: 138 mg
Eiweiß: 4 g
Zucker: 8 g

FUNKTIONIERT AUCH GUT MIT
Pastinaken • Zucchini • Steckrüben • Butternusskürbis • Beten • Knollensellerie

Weiße Rüben sind nicht ganz einfach zu verarbeiten, da sie einen ausgeprägten, an Rettich erinnernden Geschmack aufweisen. Bei diesem Rezept werden die warmen Rüben-Nudeln mit einem kräftigen Pesto gemischt, wodurch man dieses Wurzelgemüse genießen kann, ohne dass seine bittere Note zu stark durchkommt. Der Rosenkohl bringt eine fast samtartige Milde ins Spiel, außerdem enthält er eine stattliche Menge Vitamin C, gerade während der kalten Wintermonate ein wichtiger Nährstoff. Bleiben Sie gesund und machen Sie es sich mit diesem warmen, aromatischen Pastagericht gemütlich!

1 Das Pesto zubereiten. Alle Pesto-Zutaten in den Mixer geben und zu einem cremigen Pesto verarbeiten.

2 Die Gemüse-Nudeln zubereiten. Das Öl auf mittlerer Stufe in einer großen Pfanne erhitzen. Wenn das Öl zu schimmern beginnt, Rosenkohl und die Weiße-Rüben-Nudeln zugeben. Mit Salz und Pfeffer würzen. Den Deckel auflegen und das Ganze unter gelegentlichem Rühren 3 bis 5 Minuten dünsten, bis die Gemüse-Nudeln weich, aber noch bissfest sind. Das Gemüse in eine große Schüssel füllen und das Pesto gründlich untermischen. Heiß servieren.

Für das Pesto

3	große Handvoll Basilikumblätter
2 EL	Pinienkerne
4 EL	Olivenöl
1	große Knoblauchzehe, gehackt
1/2 TL	Meersalz aus der Mühle
1/4 TL	schwarzer Pfeffer aus der Mühle

Für die Gemüse-Nudeln

1 EL	extra natives Olivenöl
250 g	Rosenkohl, geputzt, halbiert und in feine Streifen geschnitten
3	mittelgroße Weiße Rüben, geschält und mit KLINGE C in Spiralstreifen geschnitten
	Salz und Pfeffer

Machen Sie zur Abwechslung aus dem Basilikum-Pesto ein Koriander-Pesto und nehmen Sie Kürbiskerne anstelle der Pinienkerne.

Möhren-Nudeln mit Tofu, Edamame und Miso-Tahini-Dressing

V

ERGIBT
2 Portionen

VORBEREITUNGSZEIT
15 Minuten

GARZEIT
15 Minuten

NÄHRWERTE
PRO PORTION:
Kalorien: 494
Fett: 36 g
Kohlenhydrate: 28 g
Natrium: 1586 mg
Eiweiß: 21 g
Zucker: 10 g

FUNKTIONIERT AUCH GUT MIT
Zucchini • Kohlrabi • Brokkoli

Tofu verhält sich wie ein Schwamm: Er nimmt Aromen und Geschmacksnoten hervorragend auf. Besonders gern bereite ich Tofu zu, indem ich ihn wie in diesem Rezept in Sojasauce mariniere und dann im Ofen backe. Während meiner veganen Zeit verzehrte ich zum Abendbrot häufig gerösteten Tofu mit Naturreis und ganz unterschiedlichem kurz angebratenem Gemüse. Wie langweilig! Dieses Gericht hier schmeckt viel interessanter, enthält aber denselben praktischen Tofu. Durch das sämige Dressing werden die Möhren-Nudeln noch ein wenig weicher und verbinden sich mit dem Miso und dem Tahini, während die Edamame Eiweiß, Farbe und Biss ins Spiel bringen. Dieses Gericht schmeckt ebenso zum Mittag- wie zum Abendessen und lässt sich gut im Kühlschrank aufheben.

Für das Dressing

6 EL Tahini (Sesampaste)
2 EL frisch gepresster Zitronensaft
2 EL Miso-Paste
1 EL Pflanzenöl
1 TL gehackter Knoblauch
2 TL Mirin
Salz und Pfeffer
120 g fester Tofu, gewürfelt

Für die Möhren-Nudeln

Kochspray
2 EL salzarme Sojasauce
2 große Möhren, geschält und mit KLINGE D in Spiralstreifen geschnitten
60 g gefrorene Edamame
1 TL weiße Sesamsamen
1 kleine Handvoll Sonnenblumensprossen

1 Den Ofen auf 200 °C vorheizen und ein Backblech mit Kochspray fetten.

2 Das Dressing zubereiten. Alle Dressing-Zutaten in den Mixer geben und cremig mixen. Falls erforderlich, Wasser zugeben, bis die gewünschte Konsistenz erreicht ist, aber nicht mehr als einen Teelöffel auf einmal.

3 Einen Teller mit zwei Lagen Küchenpapier auslegen. Die Tofuwürfel darauf verteilen und mit zwei weiteren Papierlagen bedecken. Den Tofu leicht zusammendrücken, um die überschüssige Feuchtigkeit zu entfernen. Das Ganze mit frischen Papiertüchern wiederholen.

4 Den Tofu in eine mittelgroße Schüssel legen, die Sojasauce zugießen und den Tofu darin mehrmals wenden. Die Tofuwürfel auf das Backblech legen und 10 bis 13 Minuten im Ofen backen, bis sie leicht gebräunt sind.

5 Eine mittelgroße Kasserolle mit Wasser füllen und dieses bei starker Hitze zum Kochen bringen. Die Möhren-Nudeln und die Edamame zugeben und 2 Minuten garen, bis sie weich, aber noch bissfest sind. Abgießen und gut abtropfen lassen.

6 Eine kleine Pfanne auf mittlerer bis hoher Stufe erwärmen. Ist sie so heiß, dass darin Wassertropfen zischend verdampfen, die Sesamsamen zugeben und unter häufigem Wenden 2 bis 3 Minuten rösten, bis sich ihr Aroma entfaltet und sie anfangen, braun zu werden.

7 Edamame und Möhren-Nudeln in eine Servierschüssel füllen und die Sonnenblumensprossen unterheben. Mit dem Dressing beträufeln und mit Tofuwürfeln und Sesamsamen krönen.

Wenn Sie keine Sonnenblumensprossen auftreiben können, nehmen Sie stattdessen Brunnenkresse oder Erbsensprossen.

DESSERTS

Mandelbutter-Riegel mit Pekannüssen, Möhren und Schokoguss

Knuspriger Birnen-Rhabarber-Auflauf

Apfel-Ambrosia-Obstsalat

Kochbananen-Kakao-Bällchen ohne Backen

Kochbananen-Kokos-Reispudding

Apfel-und-Birnen-Ricotta-Parfait mit Pistazien

Schokoladige Süßkartoffel-Dessertpfannkuchen mit Pekannüssen

Blaubeer-Birnen-Eis am Stiel

Süßkartoffel-Muffins mit Schokostücken

Mandelbutter-Riegel mit Pekannüssen, Möhren und Schokoguss

GF V P

ERGIBT
8 Riegel

VORBEREITUNGSZEIT
30 Minuten

NÄHRWERTE
PRO PORTION: 1 Riegel
Kalorien: 316
Fett: 26 g
Kohlenhydrate: 19 g
Natrium: 76 mg
Eiweiß: 10 g
Zucker: 11 g

Was das gesunde Essen angeht, besteht einer der ältesten Tricks darin, für alle Fälle gerüstet zu sein. Wenn Sie Ihren Kühlschrank und das Vorratsregal mit nahrhaften Snacks füllen, sind Sie von vornherein auf der sicheren Seite, denn es bleibt Ihnen gar nichts anderes übrig, als gesunde Dinge zu essen, wenn Sie Hunger bekommen. Diese Dessert-Riegel punkten mit allem, was lecker ist: Schokolade, knackigen Nüssen, cremiger Mandelbutter und sogar etwas Obst und Gemüse.

Für die Riegel

2	große Möhren, geschält und mit KLINGE C in Spiralstreifen geschnitten, dann zu Reis verarbeitet (siehe Seite 25)
120 g	cremige Mandelbutter
1 EL	reiner Ahornsirup
65 g	Pekannüsse, grob gehackt
65 g	Sultaninen
1 Prise	Salz

Für den Schokoguss

1/2 Tafel	Schokolade, zerkleinert
2 EL	Mandelmilch

1 Eine flache, 28 × 18 cm große Backform mit Backpapier auskleiden.

2 Die Riegel zubereiten. Alle Zutaten in ein große Schüssel geben und sehr gründlich mischen.

3 Die Mixtur in die Backform füllen und gleichmäßig verstreichen. Ein Stück Frischhaltefolie auf die Oberfläche legen und den Riegelteig mit den Händen zu einer ebenmäßigen, etwa 2,5 cm dicken Schicht zusammendrücken. Die Folie entfernen.

4 Den Schokoguss zubereiten. Schokolade und Mandelmilch in eine kleine Kasserolle geben und auf mittlerer Stufe unter kontinuierlichem Rühren so lange erhitzen, bis die Schokolade geschmolzen ist. Wenn die Sauce zu dick erscheint, mehr Mandelmilch zugeben, aber maximal einen Esslöffel auf einmal.

5 Den Schokoguss über die Möhren-Reis-Mischung träufeln. Die Backform mindestens 4 Stunden ins Gefriergerät stellen und die Riegel in noch gefrorenem Zustand in acht Riegel schneiden. In einem luftdicht verschlossenen Behälter im Kühlschrank aufbewahren und gekühlt servieren.

Diese Riegel lassen sich leicht an Ihre persönlichen Vorlieben anpassen. Experimentieren Sie mit anderen Nüssen, etwa Mandeln und Walnüssen, oder einer anderen Nussbutter, beispielsweise mit Haselnuss- oder Erdnussbutter. Das Rezept reicht auch für zehn kleinere Riegel.

Knuspriger Birnen-Rhabarber-Auflauf

ERGIBT
4 Portionen

GF V

VORBEREITUNGSZEIT
15 Minuten

GARZEIT
30 Minuten

NÄHRWERTE
PRO PORTION:
Kalorien: 142
Fett: 2 g
Kohlenhydrate: 32 g
Natrium: 33 mg
Eiweiß: 3 g
Zucker: 16 g

FUNKTIONIERT AUCH GUT MIT
Äpfeln

Rhabarber wird gern zum Backen eingesetzt, da seine perfekte natürliche Säure gut zu süßen Früchten passt. Das Besondere an diesem Rezept ist die Kombination mit den Birnen. Und das Beste – Sie brauchen nicht am Küchentisch zu stehen und die Birnen mühsam mit einem Gemüsehobel oder Messer in Form bringen: Das erledigt der Spiralschneider schneller und besser! Für diesen Nachtisch brauchen Sie vier 175-ml-Auflaufförmchen.

- Kochspray
- 3 kleine Stangen Rhabarber, in kleine Würfel geschnitten
- 3 Birnen, mit **KLINGE C** in Spiralstreifen geschnitten
- 1 TL gemahlener Zimt
- 3 EL frischer Orangensaft
- Schale von 1/2 Orange
- 8 EL glutenfreies Müsli

1 Den Ofen auf 175 °C vorheizen. Vier 175-ml-Auflaufförmchen mit Kochspray fetten.

2 Rhabarber, Birnen-Nudeln, Zimt, Orangensaft und Orangenschale in eine große Schüssel geben und gründlich mischen.

3 Die Mischung gleichmäßig auf die Auflaufförmchen verteilen. Auf ein Backblech setzen und die kleinen Aufläufe im Ofen 30 Minuten backen, bis die Birnen-Nudeln weich sind.

4 In jedes Förmchen zwei Esslöffel Müsli geben und die Aufläufe weitere 5 Minuten backen. Sofort servieren.

Apfel-Ambrosia-Obstsalat

ERGIBT
4 Portionen

GF VT P

VORBEREITUNGSZEIT
20 Minuten

NÄHRWERTE
PRO PORTION:
Kalorien: 356
Fett: 29 g
Kohlenhydrate: 22 g
Natrium: 45 mg
Eiweiß: 4 g
Zucker: 17 g

FUNKTIONIERT AUCH GUT MIT
Jícama

Den ersten Sommer meines veganen Daseins verbrachte ich in New York City. An einem heißen Tag begab ich mich auf die Suche nach veganem Eis und stieß auf einen Laden, der im Schaufenster mit »milchfreiem Bio-Joghurt« warb. Triumphierend kam ich mit einem Becher Frozen Yogurt wieder heraus, aus Kokosmilch hergestellt und mit Apfel- und Ananasstückchen gekrönt. Obwohl ich eher der Kuchentyp als der Eistyp bin, träume ich noch heute von den frischen Aromen, die ich an jenem Tag kostete, und habe sie in diesem Rezept nachempfunden.

1	Apfel (Gala oder eine andere süß schmeckende Sorte)
1 Dose	(400 ml) vollfette Kokosmilch, 24 Stunden lang gekühlt
1 TL	Vanilleextrakt
2 EL	Orangensaft
2 TL	Honig
170 g	Ananaswürfel
100 g	Pekannüsse, gehackt
40 g	ungesüßte Kokosflocken

1 Den Apfel von oben nach unten bis zur Mitte einschneiden, dabei jedoch darauf achten, die Mitte nicht durchzuschneiden. Mit Klinge B in Spiralstreifen schneiden.

2 Die oberste, cremige Lage der Kokosmilch mit einem Löffel abschöpfen und in eine mittelgroße Schüssel geben. (Den Rest für andere Verwendungszwecke aufheben.) Vanilleextrakt, Orangensaft und Honig hinzufügen und mit einem Schneebesen schaumig schlagen. Ananas, Pekannüsse, Kokosflocken und Apfel-Nudeln hinzufügen und gründlich mischen. Bis zum Servieren in den Kühlschrank stellen.

Möchten Sie diesen Obstsalat auf einer Party servieren, verteilen Sie ihn auf Eiscremebecher und nehmen Sie Maraschino-Kirschen zum Garnieren. Denken Sie daran, dass die Äpfel umso mehr Geschmack annehmen, je länger sie durchziehen.

Kochbananen-Kakao-Bällchen ohne Backen

GF
V
P

ERGIBT
10 Bällchen

VORBEREITUNGSZEIT
20 Minuten

GARZEIT
5 Minuten

NÄHRWERTE
PRO PORTION: 1 Bällchen
Kalorien: 120
Fett: 1 g
Kohlenhydrate: 30 g
Natrium: 4 mg
Eiweiß: 1 g
Zucker: 21 g

Ein heimischer Vorrat an nicht industriell verarbeiteten Süßigkeiten und Snacks ist der Schlüssel zu einer ausgewogenen Ernährung. Körper und Geist werden es Ihnen danken, wenn Sie im Vorrats- und Kühlschrank gesunde Leckereien bereithalten – so wird aus dem Gedanken »Ich mache eine Diät« allmählich ein neuer Lebensstil. Diese leicht herzustellenden Bällchen sind das beste Beispiel dafür: Sie kommen ohne Backofen aus und bestehen aus nur fünf gesunden, unverfälschten Zutaten. Sie schicken Ihren Blutzuckerspiegel nicht auf Achterbahnfahrt, denn die in den Kochbananen enthaltene Stärke hilft dabei, die anderen Bestandteile zu binden und versorgt Sie länger mit Energie. Mit diesen backfreien Bällchen befriedigen Sie Ihre Lust auf Süßes und holen sich gleichzeitig einen Energieschub.

2 Kochbananen, geschält und mit KLINGE C in Spiralstreifen geschnitten, dann zu Reis verarbeitet (siehe Seite 25)

10 Medjool-Datteln, entsteint und grob gehackt

2 TL reines Kakaopulver

1 1/2 EL ungesüßte Kokosflocken

3 TL geröstete und gesalzene Pepitas (mexikanische Kürbiskerne)

1 Eine große antihaftbeschichtete Pfanne auf mittlerer bis hoher Stufe erhitzen. Ist die Pfanne so heiß, dass darin Wassertropfen zischend verdampfen, den Kochbananen-Reis hineingeben und unter häufigem Umrühren 3 Minuten anbraten, bis er gebräunt ist. Die Pfanne vom Herd nehmen und beiseite stellen.

2 Die Datteln im Mixer etwa 1 Minute zu einer Paste verarbeiten. Lassen sich die Datteln nur mit Mühe zerkleinern, etwas Wasser hinzufügen, aber nicht mehr als einen Teelöffel auf einmal. Den Kochbananen-Reis, den Kakao und die Kokosflocken hinzufügen und alles so lange durcharbeiten, bis die Mixtur glatt und klebrig ist.

3 Die Mischung in eine mittelgroße Schüssel füllen und die Pepitas mit den Händen in den Teig einarbeiten. 10 bis 12 Bällchen mit einem Durchmesser von etwa 2,5 cm formen und vor dem Servieren mindestens 15 Minuten kühl stellen.

Kochbananen-Kokos-Reispudding

GF V P

ERGIBT
1 Portion

VORBEREITUNGSZEIT
15 Minuten

GARZEIT
10 Minuten

NÄHRWERTE
PRO PORTION:
Kalorien: 476
Kohlenhydrate: 112 g
Natrium: 212 mg
Eiweiß: 5 g
Zucker: 71 g

Bevor ich auf dieses Rezept stieß, mochte ich keinen Reispudding. Hier verbindet sich der Kokosgeschmack harmonisch mit der leichten Süße der Kochbananen und der cremigen Mandelmilch und führt zu einem perfekten Gleichgewicht. Auch die Rosinen und der Zimt erinnern an das Aroma und den Geschmack des klassischen Reispuddings. In dieser leichteren Version des Klassikers kommt alles zusammen – so entsteht ein einfaches veganes Dessert, das sich perfekt als Leckerbissen nach dem Abendessen eignet.

1	mittelreife Kochbanane, geschält und mit KLINGE C in Spiralstreifen geschnitten, dann zu Reis verarbeitet (siehe Seite 25)
325 ml	Vanille-Mandelmilch
1/8 TL	gemahlener Zimt
1 bis 2 TL	ungesüßte Kokosflocken
50 g	Rosinen

1 Den Kochbananen-Reis und 250 ml der Vanille-Mandelmilch in einer mittelgroßen Kasserolle auf hoher Stufe zum Kochen bringen. Die Hitze verringern und den Reis 10 Minuten köcheln lassen, bis die Flüssigkeit so weit eingekocht ist, dass der Reis beginnt, am Boden der Kasserolle anzuhaften. Die restliche Mandelmilch zugießen und den Reis unter gelegentlichem Umrühren weitere 3 bis 4 Minuten köcheln lassen, bis er cremig geworden ist.

2 Die Kasserolle vom Herd nehmen und Zimt, Kokosflocken und Rosinen hinzufügen. Das Ganze so lange rühren, bis sich der Zimt im Reis aufgelöst hat. Heiß servieren.

Wenn Sie keine Vanille-Mandelmilch auftreiben können oder aromatisierte Milch nicht mögen, können Sie auch fettarme Kuhmilch verwenden und den Reis beim Garen mit einem Teelöffel Vanilleextrakt würzen.

Apfel-und-Birnen-Ricotta-Parfait mit Pistazien

GF
VT

ERGIBT
2 Portionen

VORBEREITUNGSZEIT
10 Minuten

NÄHRWERTE
PRO PORTION:
Kalorien: 485
Fett: 19 g
Kohlenhydrate: 75 g
Natrium: 203 mg
Eiweiß: 14 g
Zucker: 58 g

Es schaudert mich jedes Mal, wenn ich im Lebensmittelgeschäft oder Café ein Parfait erblicke. Es sieht immer so langweilig aus. Und irgendetwas Besonderes konnte ich daran nie entdecken – aber mit diesem Rezept wird das anders. Die Obst-Nudeln sind frisch und knackig und der mit Honig und Vanille aufgeschlagene Ricotta bringt eine cremige, süße Note ins Spiel.

- 125 g Ricotta
- 2 EL Honig
- 1 TL Vanilleextrakt
- 4 EL Himbeermarmelade
- 1 Apfel, mit KLINGE C in Spiralstreifen geschnitten
- 1 Birne, mit KLINGE C in Spiralstreifen geschnitten
- 60 g geröstete und gesalzene Pistazien, grob gehackt

1 Ricotta, Honig und Vanilleextrakt in einer mittelgroßen Schüssel verquirlen, bis die Mischung eine luftig-leichte Konsistenz hat.

2 Die Himbeermarmelade auf zwei Dessertschalen verteilen. Die Ricotta-Mischung darüber geben und mit den Apfel- und Birnen-Nudeln krönen. Die Pistazien auf das Dessert streuen. Sofort servieren.

Servieren Sie dieses Dessert einfach auch mal zum Frühstück, indem Sie den Ricotta durch fettfreien Naturjoghurt ersetzen.

Schokoladige Süßkartoffel-Dessert-pfannkuchen mit Pekannüssen

GF VT

ERGIBT
2 Pfannkuchen

VORBEREITUNGSZEIT
20 Minuten

GARZEIT
15 Minuten

NÄHRWERTE
PRO PORTION:
1 Pfannkuchen
Kalorien: 381
Fett: 24 g
Kohlenhydrate: 34 g
Natrium: 80 mg
Eiweiß: 9 g
Zucker: 18 g

Wenn ich auswärts zum Brunch gehe, trage ich meist einen inneren Kampf aus: Gönne ich mir den mit Schokolade beträufelten, nach Zimt duftenden Armen Ritter oder greife ich lieber zum Eiweiß-Rührei? Neun von zehn Malen treffe ich die gesunde Wahl – doch dieses eine Mal koste ich die süße Verführung bis zum letzten Bissen aus. Aber mit diesen Pfannkuchen aus Süßkartoffeln ist gar kein Kampf mehr notwendig. Sie entsprechen nicht nur den Anforderungen von Clean Eating, sondern befriedigen gleichzeitig auch alle Essensgelüste: Der natürliche Zucker der Süßkartoffeln wird freigesetzt und trägt zu einem Pfannkuchen bei, der scheinbar dekadent, dabei aber wunderbar nährstoffreich ist. Jeder liebt es, das Frühstück bis weit über die Mittagszeit auszudehnen – warum sollte man dann keine Frühstückspfannkuchen zum Nachtisch servieren?

	Kochspray
1	große Süßkartoffel, geschält und mit KLINGE C in Spiralstreifen geschnitten
2	frische Erdbeeren, in kleine Stücke geschnitten
25 g	Pekannüsse, grob gehackt
2 TL	Honig
3 EL	Naturjoghurt mit 0,1 % Fett
1 EL	reines Kakaopulver
1	mittelgroßes Ei, leicht verquirlt
1 TL	Vanilleextrakt
2 EL	milchfreie dunkle Schokoladenstückchen
1 EL	Olivenöl

1 Eine große antihaftbeschichtete Pfanne auf mittlerer Stufe erwärmen und mit Kochspray fetten. Ist die Pfanne so heiß, dass darin Wassertropfen zischend verdampfen, die Süßkartoffel-Nudeln hinzufügen und den Deckel auflegen. Die Nudeln unter gelegentlichem Rühren 5 bis 7 Minuten garen, bis sie weich und leicht gebräunt sind.

2 Erdbeeren, Pekannüsse, Honig und Joghurt in einer mittelgroßen Schüssel mischen. Mindestens 20 Minuten im Kühlschrank durchkühlen lassen.

3 Süßkartoffel-Nudeln, Kakaopulver, Ei, Vanilleextrakt und Schokolade in eine große Schüssel geben und gründlich mischen.

4 Eine Pfanne auf mittlerer Stufe erwärmen und einen halben Esslöffel Öl hinzufügen. Wenn das Öl zu schimmern beginnt, die Hälfte der Süßkartoffel-Mischung in die Mitte der Pfanne setzen und mit einem Küchenspatel rasch zu einem Pfannkuchen flachdrücken. Den Pfannkuchen etwa 2 Minuten backen, bis sich der Boden gesetzt hat, dann wenden und wiederum mit dem Küchenspatel glätten. Weitere 2 Minuten braten, bis der Pfannkuchen komplett fest ist. Aus der Pfanne auf einen Teller gleiten lassen. Mit dem restlichen Öl und dem restlichen Teig den zweiten Pfannkuchen backen.

5 Die Pfannkuchen mit der Erdbeer-Joghurt-Creme krönen und servieren.

Wenn es Ihnen lieber ist, können Sie anstelle der Pfannkuchen auch Dessertwaffeln backen, indem Sie die Nudelmischung einfach in ein Waffeleisen geben.

Blaubeer-Birnen-Eis am Stiel

ERGIBT
10 Eis am Stiel

GF VT

VORBEREITUNGSZEIT
8 Stunden

NÄHRWERTE
PRO PORTION: 1 Eis am Stiel
Kalorien: 41
Fett: 0
Kohlenhydrate: 10 g
Natrium: 4 mg
Eiweiß: 1 g
Zucker: 7 g

Ich mochte Joghurt mit echten Fruchtstücken unten im Becher immer am liebsten. Letzten Endes geht es beim gesunden Essen ja darum, möglichst wenig verarbeitete Lebensmittel zu sich zu nehmen. Verzichten Sie deshalb auf industriell gefertigtes, mit Fruchtsaftkonzentrat hergestelltes Speiseeis und bereiten Sie dieses fantastische Joghurteis zu, das eine echte fruchtige Überraschung bietet: Wenn das Eis am Stiel zu schmelzen anfängt, kommen die Birnen-Nudeln durch! Für dieses Rezept benötigen Sie Eisförmchen und Eisspatel oder flache Eislöffelchen beziehungsweise etwas Ähnliches (siehe Tipp).

240 ml Vanillejoghurt mit 0,1 % Fett
190 g frische Blaubeeren
1 EL Honig
2 reife Birnen, geschält und mit KLINGE D in Spiralstreifen geschnitten

1 Joghurt, Blaubeeren und Honig in den Mixer geben und auf langsamer Stufe cremig mixen. Die Birnen-Nudeln so kürzen, dass sie nicht länger als 7,5 bis 10 cm sind.

2 Jedes Eisförmchen mit einer dünnen Schicht Birnen-Nudeln auskleiden und ein wenig Blaubeer-Joghurt darüber verteilen. Eine weitere Schicht Birnen-Nudeln auf den Joghurt geben und die Nudeln in den Joghurt drücken.

3 Die Stiele einsetzen und die Eisförmchen mindestens 8 Stunden durchfrieren lassen. Am besten bekommt man das Eis aus den Förmchen, indem man diese ganz kurz unter fließendes heißes Wasser hält.

Wenn Sie weder Eisförmchen noch Stiele zur Hand haben, brauchen Sie dennoch nicht auf dieses Dessert zu verzichten. Geben Sie die Füllung einfach in ein Schnapsglas oder in ein Tässchen, drücken Sie einen robusten Trinkhalm in die Mitte und frieren Sie das Dessert durch.

Süßkartoffel-Muffins mit Schokostücken

ERGIBT
6 Muffins

VORBEREITUNGSZEIT
10 Minuten

GARZEIT
25 Minuten

NÄHRWERTE
PRO PORTION: 1 Muffin
Kalorien: 132
Fett: 6 g
Kohlenhydrate: 18 g
Natrium: 137 mg
Eiweiß: 3 g
Zucker: 12 g

GF VT P

Ich habe diese Muffins einmal als Proviant für eine Autofahrt zubereitet, die ich mit ein paar Freunden unternahm. Nachdem sich alle ins Auto gequetscht und es sich auf dem Rücksitz bequem gemacht hatten, holte ich die Muffins heraus. Sie kamen bei jedem super an! Ich reiche diese schokoladigen, saftigen und mehlfreien Muffins gern als bewährten Leckerbissen nach dem Abendessen und weiß ganz sicher, dass sie später keinen Blutzuckerabfall zur Folge haben.

	Kochspray
1	kleine Süßkartoffel, geschält und mit KLINGE C in Spiralstreifen geschnitten, dann zu Reis verarbeitet (siehe Seite 25)
1/2 TL	gemahlener Zimt
1/2 TL	Backpulver
2 EL	ungesüßte Kokosflocken
	Salz
1	großes Ei + 1 Eiweiß
2 EL	Honig
1/2 TL	Vanilleextrakt
5 EL	milchfreie Schokoladenstückchen

1 Den Ofen auf 190 °C vorheizen. Ein Muffinblech mit 6 Mulden mit Kochspray leicht fetten.

2 Süßkartoffel-Reis, Zimt, Backpulver, Kokosflocken und eine Prise Salz in eine mittelgroße Schüssel geben und kurz mischen. Ei, Eiweiß, Honig und Vanilleextrakt hinzufügen und das Ganze gründlich mischen. Die Schokolade unterheben.

3 Den Teig auf die Mulden verteilen und diese jeweils zu drei Vierteln füllen. Die Muffins 23 bis 25 Minuten im Ofen backen – sie sind fertig, wenn ein in die Mitte gestochenes Messer sauber wieder herauskommt. Die Muffins aus den Mulden nehmen und vor dem Servieren auf einem Rost 5 Minuten abkühlen lassen.

Diese Muffins sind saftiger als »normale«, da sie ohne Mehl auskommen. Bevor Sie das Gebäck zur Aufbewahrung in einen luftdichten Behälter legen, sollte es mindestens 30 Minuten auskühlen, damit die Muffins am Boden nicht zu stark durchfeuchtet werden.

OBST UND GEMÜSE VON A BIS Z

Äpfel

Das Beste beim Spiralschneiden dieser Frucht besteht darin, dass jede Apfelsorte ihren eigenen, unverwechselbaren Geschmack besitzt. Einige Sorten wie beispielsweise ›Gala‹ sind süßer, andere wie ›Granny Smith‹ haben mehr Säure. Äpfel lassen sich sehr leicht in Spiralstreifen schneiden – zur Vorbereitung muss man lediglich den Stiel entfernen und den Blütenansatz herausschneiden. Wenn Sie bemerken, dass die Arbeit nicht mehr so recht vorangeht, nachdem der Apfel zur Hälfte geschnitten ist, drehen Sie das verbliebene Stück einfach um, fixieren es von der anderen Seite her und machen weiter.

WICHTIGER NÄHRSTOFF: Vitamin C

Beten

Keine Angst, dass Sie Ihren Spiralschneider durch Beten mit dauerhaften Flecken verunzieren – spülen Sie ihn einfach sofort nach dem Gebrauch ab und schrubben Sie ihn mit Wasser und Spülmittel. Verarbeitet man Beten zu Gemüsestreifen, werden sie viel schneller gar als im Ganzen, daher eignen sie sich perfekt für schnelle Gerichte. Sie können auch gegarte ganze Beten in Spiralstreifen schneiden. Bereiten Sie Gelbe und Rote Bete auf die gleiche Art zu – und servieren Sie das Blattgrün zusammen mit den Gemüse-Nudeln.

WICHTIGE NÄHRSTOFFE: Folsäure und Mangan

Birnen

Genau wie Äpfel lassen sich Birnen gut in Spiralstreifen schneiden, zur Vorbereitung brauchen nur der Stiel und der Blütenansatz entfernt zu werden. Sie haben ein samtig-weiches Fruchtfleisch, das wunderbar zu Vollkorngetreide oder festen Eiweißquellen wie Steaks passt. Jede Sorte hat einen anderen Geschmack: Beispielsweise ist die ›Boscs Flaschenbirne‹ weicher als die ›Concorde‹ und schmeckt ein wenig nach Honig bzw. Vanille.

WICHTIGE NÄHRSTOFFE: Ballaststoffe und Vitamin C

Brokkoli

Die meisten Menschen wundern sich darüber, dass sich der Brokkolistrunk tatsächlich in Spiralstreifen schneiden lässt. Wenn Sie für diesen Zweck Brokkoli kaufen, achten Sie darauf, dass der Strunk so dick und lang wie möglich ist. Für wirklich gute Ergebnisse sollte er mindestens 3,5 bis 4 cm breit und 12,5 bis 15 cm lang sein. Den eventuell schon verholzten Teil des Strunks müssen Sie natürlich entfernen. Wenn Sie bei der Vorbereitung die Röschen entfernen, sollten Sie dabei nicht zu viel von ihren Stielen abschneiden. Sie können die Brokkoli-Röschen für andere Zwecke aufheben, doch wenn sie ebenfalls im Rezept Verwendung finden, intensiviert dies den Geschmack der Brokkoli-Gemüse-Nudeln.

WICHTIGE NÄHRSTOFFE: Vitamin C, Kalium und Kalzium

Butternusskürbis

Möchten Sie einen Butternusskürbis in Spiralstreifen schneiden, suchen Sie beim Kauf unbedingt nach einem Exemplar, dessen unterer Teil sich nur schwach wölbt. Denken Sie daran, dass Sie diesen Teil immer abschneiden müssen, da sich in seiner Mitte sehr viele Samen zusammenballen – daher eignet er sich nicht für den Spiralschneider. Werfen Sie die Kürbis-Unterseite jedoch nicht weg, sondern schneiden Sie das Fruchtfleisch in Würfel und heben Sie es für eine andere Verwendung auf. Ist der Butternusskürbis sehr groß, schneiden Sie ihn durch, bevor Sie ihn in den Spiralschneider einspannen – so erzielen Sie das beste Ergebnis. Wenn die Kürbis-Nudeln zusammenkleben, ziehen Sie sie nach dem Schneiden vorsichtig auseinander.

WICHTIGE NÄHRSTOFFE: Vitamine A und C

Chayote

Die Chayote stammt eigentlich aus Mexiko, wird aber auf der ganzen Welt in Regionen mit ähnlich warmem Klima kultiviert. In der Küche Mittelamerikas und der südlichen USA ist sie besonders beliebt. Im deutschsprachigen Raum ist sie in vielen gut sortierten Supermarkten erhältlich. Chayote-Nudeln sehen Zucchini-Nudeln zum Verwechseln ähnlich. Die Chayote gehört zu den Kürbisgewächsen und hat einen ähnlich milden Geschmack wie die mit ihr verwandte Zucchini, aber nicht ganz so viel Feuchtigkeit. Sie liefert perfekte Spiralen – und dies ganz ohne vorbereitende Arbeiten.

WICHTIGE NÄHRSTOFFE: Vitamin C, Folsäure und Zink

Gurken

Die Gurke, die normalerweise einfach gewürfelt oder in Scheiben geschnitten unter einen Salat gemischt wird, kommt durch den Spiralschneider zu ganz neuen Ehren. Da sie jedoch sehr viel überschüssige Feuchtigkeit freisetzen, müssen zu Spiralstreifen verarbeitete Gurken erst einmal mit Küchenpapier gut trocken getupft werden, bevor man sie in einem Rezept weiterverarbeitet.

WICHTIGER NÄHRSTOFF: Vitamin K, guter Feuchtigkeitslieferant

Jícama

Das nährstoffdichte und gleichzeitig kalorienarme Wurzelgemüse ist in Mexiko, Mittel- und Südamerika beheimatet. Die Jícama (auch Yambohne genannt) ist ähnlich knackig und saftig wie ein Apfel, weist jedoch einen leicht süßen und nussigen Geschmack auf. In der Regel serviert man sie roh als Garnitur oder in einem Salat, doch der Spiralschneider eröffnet ganz neue Möglichkeiten. Leider lässt sie sich im deutschsprachigen Raum nur schwer auftreiben, ist aber in Online-Shops erhältlich.

WICHTIGER NÄHRSTOFF: Vitamin C

Kartoffeln

Festkochende Kartoffelsorten lassen sich alle gleichermaßen gut mit dem Spiralschneider verarbeiten. Damit die rohen Kartoffel-Spiralstreifen nicht schwärzlich oder bräunlich anlaufen, muss man sie zügig verarbeiten. Um das Anlaufen zu verhindern, kann man sie in Wasser legen, aber nur für ganz kurze Zeit, weil sie sonst zu viel von ihren Nährstoffen verlieren.

WICHTIGE NÄHRSTOFFE: Vitamin C und Kalium

Knollensellerie

Knollensellerie hat einen ähnlich säuerlich-herben Geschmack wie der Staudensellerie. Man sieht der Knolle an, dass sie in der Erde wächst: Sie ist klumpig, hart und schwierig zu schälen. Hat man sie von der Schale befreit, braucht man viel Kraft, um sie mit dem Spiralschneider zu verarbeiten. Ihre Nudeln punkten jedoch mit einer erdigen Frische, die wunderbar zu dicken Saucen und nahrhaften proteinhaltigen Zutaten wie Hühner- oder Putenfleisch passt.

WICHTIGE NÄHRSTOFFE: Vitamine C und K sowie Phosphor

Kochbananen

Für breite Bevölkerungsgruppen in Asien, Afrika, der Karibik sowie Mittel- und Südamerika sind Kochbananen ein kohlenhydratreiches Grundnahrungsmittel. Von allen für den Spiralschneider geeigneten Lebensmitteln sind sie am festesten und stellen daher eine gewisse Herausforderung dar. Sie haben jedoch extrem viel Geschmack und machen sich daher bestens in einem Nachtisch. Kochbananen lassen sich gut mit dem Messer oder Gemüseschäler von der Schale befreien, doch achten Sie darauf, dabei nicht zu viel Fruchtfleisch zu erwischen.

WICHTIGE NÄHRSTOFFE: Vitamine A und C sowie Kalium

Kohl

Wer einen Kohlkopf in den Spiralschneider einspannt, erhält keine Kohl-Nudeln, hat aber eine schnellere, leichtere Methode gefunden, um Kohl zu raspeln. Eine Vorbereitung ist nicht notwendig: Lassen Sie das Gemüse einfach durch den Spiralschneider laufen und verwenden Sie den geraspelten Kohl am besten für Krautsalat oder andere Salate.

WICHTIGE NÄHRSTOFFE: Vitamine C und K

Kohlrabi

Kohlrabi kann man in zwei Varianten kaufen – weiß oder purpurrot gefärbt –, doch haben beide ein ähnliches cremiges gelbes Fruchtfleisch. Während es ein wenig mühsam sein kann, einen Kohlrabi zu schälen, lässt er sich kinderleicht in Spiralstreifen schneiden. Die grünen Blätter können gleich mit den Kohlrabi-Nudeln mitgegart werden. Kohlrabi schmeckt so ähnlich wie ein frischer, knackiger Brokkoli-Strunk mit einem Hauch von Gurkenaroma und ist sehr vielseitig einsetzbar.

WICHTIGER NÄHRSTOFF: Vitamin C, guter Ballaststofflieferant

Möhren

Der schwierigste Teil bei der Verarbeitung von Möhren besteht darin, Exemplare zu finden, die groß genug für den Spiralschneider sind. Ideal ist ein Durchmesser von 5 cm. Mit seiner natürlichen Süße eignet sich dieses Wurzelgemüse perfekt für leichte Saucen oder Gerichte mit salzigen Zutaten wie Feta-Käse oder Oliven. Gekochte Möhren haben eine ähnliche Konsistenz wie Vollkornweizen-Pasta.

WICHTIGE NÄHRSTOFFE: Vitamin A und Betacarotin

Pastinaken

In gegartem Zustand entwickeln Pastinaken ein wunderbar nussiges und süßes Aroma – dadurch sind sie ideal für Gratins und Aufläufe geeignet. Da sie nach unten spitz zulaufen, halten Sie Ausschau nach Exemplaren mit einem breiten oberen Teil oder nach möglichst gleichmäßig geformten Pastinaken. Bevor Sie das Gemüse in den Spiralschneider einspannen, schneiden Sie alle Teile ab, deren Durchmesser weniger als 2,5 cm beträgt, und heben Sie diese Reste für andere Verwendungszwecke auf.

WICHTIGE NÄHRSTOFFE: Vitamin C und Mangan, guter Ballaststofflieferant

Rettiche

Durch das Spiralschneiden erfährt der Rettich mit seinem typischen bitteren Geschmack und seinem intensiven Geruch eine Wandlung. Am besten setzt man Rettichstreifen in Suppen ein, wo sie eine fantastische knackige Komponente ins Spiel bringen und ihr Aroma an die Brühe abgeben, wodurch ihre Schärfe überdeckt wird. Rettiche zu finden, die dick und lang genug für den Spiralschneider sind, ist nicht schwierig. Perfekt geeignet ist auch der Daikon-Rettich, eine Variante aus Asien, die milder schmeckt als die deutschen Sorten. Kleine rote Rettiche funktionieren ebenfalls super.

WICHTIGE NÄHRSTOFFE: Vitamin C, Folsäure und Kalium

Steckrüben

Die auch unter dem Namen Schwedische Rübe oder Kohlrübe bekannte Steckrübe liefert lange, robuste Spiralstreifen. Da Steckrüben meist ziemlich groß sind, reicht ein Exemplar für mehrere Portionen Gemüse-Nudeln aus. Steckrüben gehören zur selben Familie wie Weiße Rüben und Kohl, haben aber einen milden Geschmack und gewinnen durch das Kochen an Süße. Sie sind sehr robust und eignen sich für alle Garmethoden und Saucen.

WICHTIGE NÄHRSTOFFE: Vitamin C und Kalium

Süßkartoffeln und Yamswurzeln

Süßkartoffeln und Yamswurzeln haben einen deutlich ausgeprägten süßen Geschmack, der bei Verwendung in Pasta- und Nudelgerichten durchkommt. Sie nehmen Flüssigkeit auf und funktionieren daher gut im Zusammenspiel mit dickflüssigen Pastasaucen – etwa einer Tomatensauce. Da ihr Fleisch hart ist, braucht es Kraft, um sie in Streifen zu schneiden, aber es ist die Mühe wert. Gemüse-Nudeln aus Süßkartoffeln sollten Sie niemals kochen, da sie dann unweigerlich auseinanderbrechen.

WICHTIGE NÄHRSTOFFE: Vitamine B6 und C sowie Eisen

Weiße Rüben

Die Weiße Rübe ist ein Wurzelgemüse mit schwach bitterem Geschmack, der aber leicht durch entsprechende Saucen und Dressings, etwa durch ein Pesto, überdeckt werden kann. Wenn Sie Weiße Rüben kaufen, wählen Sie große, runde Exemplare, die sich gut in Spiralstreifen schneiden lassen. Sautierte Weiße-Rüben-Nudeln sind ähnlich bissfest wie Pasta. Aufgrund ihres hohen Wassergehalts ist es mitunter notwendig, die Weißen Rüben von ihrer überschüssigen Feuchtigkeit zu befreien, bevor man sie zu Reis weiterverarbeitet. Drücken Sie die Flüssigkeit einfach mit den Händen heraus.

WICHTIGE NÄHRSTOFFE: Vitamin C und Kalzium

Zucchini und andere Sommerkürbisse

Grüne Zucchini und Gelbe Zucchini sind die beliebtesten Kandidaten für den Spiralschneider, und dies nicht ohne Grund. Ihr weiches, aber dennoch festes Fleisch liefert die perfekte Konsistenz für *Pasta al dente*. Beide Sorten weisen einen milden Geschmack auf und passen hervorragend zu leichten Saucen und in Pasta-Salate. Ihr einziger Nachteil ist der hohe Wassergehalt: Wenn man sie in eine warme Sauce gibt, setzen sie Flüssigkeit frei, was die Sauce verwässern kann. Um das zu vermeiden, beherzigen Sie die Tipps auf Seite 27. Wenn Sie außerhalb der Saison keine großen Zucchini finden können, verwenden Sie Klinge A, um so viele Nudeln wie möglich herauszubekommen.

WICHTIGE NÄHRSTOFFE: Vitamin C, Folsäure und Mangan

Zwiebeln

Mit dem Spiralschneider lassen sich Zwiebeln gut zerkleinern – perfekt für Pfannengerührtes, karamellisierte Zwiebel-Nudeln, gebratene Zwiebelringe und Salate. Verarbeitet man sie zu Nudeln, bekommen die Zwiebeln in der Regel einen leichteren, subtileren Geschmack. Hierfür eignen sich alle Zwiebelsorten, Hauptsache, Sie wählen ein großes Exemplar.

WICHTIGE NÄHRSTOFFE: Biotin (ein B-Vitamin) und Mangan

Nährwertinformationen zu Gemüse-Nudeln

Alle Angaben wurden auf Grundlage der Ernährungsdatenbank USDA National Nutrient Database for Standard Reference berechnet, die vom Landwirtschaftsministerium der Vereinigten Staaten veröffentlicht wird.

	Kalorien	Kohlenhydrate (g)	Fett (g)	Eiweiß (g)	Zucker (g)
Bete (mittelgroß)	64,5	15	0,3	2,4	10,5
Brokkoli-Strunk (groß)	68	14	0,8	5,6	3,4
Butternusskürbis (groß)	81	21,6	0,18	1,8	3,96
Chayote	38	9	0,2	1,6	3,2
Daikon-Rettich (groß)	34,2	7,6	0	1,9	5,7
Gurke (groß)	30,4	6,84	0,19	1,14	3,23
Jícama (mittelgroß)	89,3	21,15	0,235	1,645	4,23
Kartoffel (groß)	134,3	30,6	0,17	3,57	1,02
Knollensellerie (groß)	86,52	18,54	0,618	3,09	3,296
Kochbanane (groß)	122	32	0,4	1,3	15
Kohlrabi (mittelgroß)	71,82	15,96	0,266	4,522	6,916
Möhre (groß)	77,9	19	0,38	1,71	8,93
Pastinake (groß)	120	28,8	0,48	1,92	7,68
Steckrübe (groß)	62,7	14,85	0,33	1,815	7,425
Süßkartoffel (groß)	141,9	33	0	2,64	6,93
Weiße Rübe (groß)	60,2	12,9	0,215	1,935	8,17
Zucchini (mittelgroß)	41,65	7,595	0,735	2,94	6,125

Obst- bzw. Gemüsegewicht und Nudel-Ertrag

	Gewicht (g)	Nudel-Ertrag (g)	Portionsgröße (g)
Apfel (mittelgroß)	195	150	150
Bete (mittelgroß)	248	150	150
Birne (mittelgroß)	304	215	215
Brokkoli-Strunk (groß)	352	200	200
Butternusskürbis (groß)	2074	870	180
Chayote	200	200	200
Daikon-Rettich (groß)	601	500	190
Gurke (groß)	398	300	190
Jícama (mittelgroß)	752	546	235
Kartoffel (groß)	536	450	170

	Gewicht (g)	Nudel-Ertrag (g)	Portionsgröße (g)
Knollensellerie (groß)	573	475	206
Kochbanane (groß)	340	155	155
Kohlrabi (mittelgroß)	385	266	266
Möhre (groß)	500	363	190
Pastinake (groß)	251	160	160
Steckrübe (groß)	905	767	165
Süßkartoffel (groß)	407	335	135
Weiße Rübe (groß)	320	215	215
Zucchini (mittelgroß)	298	280	245
Zwiebel (mittelgroß)	230	164	Keine Angabe

Die besten Zubereitungsarten für Obst- und Gemüsestreifen

Gemüse/Obst	Vorbereitung	Roh oder gekocht	Garmethode	Garzeit (Minuten)	Servieren als	Beste Klinge
Apfel	Stiel entfernen	beides	Bei 200 °C backen	10	Snack, Dessert	A
			In der Pfanne sautieren	6–7	Snack, Dessert	A
			Roh	entfällt	Salatbeilage	C
Bete, Rote und Gelbe	Schälen, Enden abschneiden	beides	In der Pfanne sautieren	6–8	Pasta, Nudeln	C, D
			Kochen	3–4	Pasta, Nudeln, Suppe	C, B
			Bei 190 °C backen	25–30	Chips	A
			Köcheln lassen	6–8	Reis	C, B
			Bei 220 °C backen	5–10	Pasta, Nudeln	C
			roh	entfällt	Nudeln, Salatbeilage, Snack	C, D
Brokkoli-Strunk	Schälen, um eine gleichmäßige Oberfläche zu bekommen	gekocht	In der Pfanne sautieren	6–7	Pasta, Nudeln, Snack	C, D
			Kochen	2–3	Pasta, Nudeln, Snack, Suppe	C, D
Birne	Enden abschneiden	beides	In der Pfanne sautieren	6–7	Snack, Dessert	A
			Bei 200 °C backen	8–10	Snack, Dessert	A
			roh	entfällt	Salatbeilage	C
Butternuss-kürbis	Schälen, halbieren, Enden abschneiden	gekocht	Bei 200 °C backen	8–10	Pasta, Nudeln	C, D
			In der Pfanne sautieren	10	Pasta, Nudeln, Reis	C
			Bei 190 °C backen	25–30	Chips	A

(Fortsetzung)

Gemüse/Obst	Vorbereitung	Roh oder gekocht	Garmethode	Garzeit (Minuten)	Servieren als	Beste Klinge
Chayote	Halbieren, Enden abschneiden	beides	In der Pfanne sautieren	2–3	Pasta, Nudeln	Alle
			Köcheln lassen	2	Nudeln, Suppe	Alle
			roh	entfällt	Pasta, Nudeln, Salatbeilage, Krautsalat	Alle
Gurke	Halbieren, Enden abschneiden	roh	Zwischen Küchenpapier ausdrücken, um die überschüssige Feuchtigkeit zu entfernen	Kann sofort serviert werden	Nudeln, Salatbeilage, Suppe	Alle
Jícama	Schälen, halbieren, Enden abschneiden	beides	In der Pfanne sautieren	6–7	Pasta, Nudeln, Brötchen	C
			Bei 200 °C backen	10–12	Pasta, Nudeln	C
			Köcheln lassen	6–7	Reis	C
			Bei 220 °C backen	15–20	Fritten, Chips	A, B
			roh	entfällt	Salatbeilage, Krautsalat, Suppe	C
Kartoffel	Schälen, Enden abschneiden, große Exemplare halbieren	gekocht	In der Pfanne sautieren	6–8	Pasta, Nudeln	C, D
			Köcheln lassen	5–7	Pasta, Nudeln	C, D
			Bei 220 °C backen	15–20	Fritten, Chips	Alle
Knollen-sellerie	Enden abschneiden, schälen, große Exemplare halbieren	gekocht	In der Pfanne sautieren	6–7	Pasta, Nudeln, Brötchen	C, D
			Bei 200 °C backen	10–15	Pasta, Nudeln	C
			Köcheln lassen	6–7	Reis, Suppe	C
			Bei 220 °C backen	15	Fritten, Chips	Alle
Kochbanane	Schälen, halbieren, Enden abschneiden	gekocht	Köcheln lassen	6–7	Reis	C
			Bei 210 °C backen	15	Fritten, Chips	Alle
Kohl	Halbieren, äußere Blätter entfernen	roh oder gekocht	In der Pfanne sautieren	4–5	Warme Salate, Pfannengerührtes	A
			roh	entfällt	Salatbeilage, Krautsalat, Suppe	A
Kohlrabi	Schälen, Enden abschneiden, große Exemplare halbieren	beides	In der Pfanne sautieren	6–8	Pasta, Nudeln, Brötchen	C, D
			Bei 220 °C backen	10–15	Fritten, Chips	A, B
			Köcheln lassen	3–4	Suppe	B, C, D
Möhre	Schälen, halbieren, Enden abschneiden	beides	Kochen	3–4	Pasta, Nudeln, Suppe	C, B, D
			Köcheln lassen	5–7	Pasta, Nudeln	C, B, D
			Bei 220 °C backen	10–15	Fritten, Chips	A, B, C
			Köcheln lassen	7–10	Reis	C, D
			Bei 200 °C backen	10	Pasta, Nudeln	C, D

Gemüse/Obst	Vorbereitung	Roh oder gekocht	Garmethode	Garzeit (Minuten)	Servieren als	Beste Klinge
Pastinake	Schälen, halbieren, Enden abschneiden	gekocht	In der Pfanne sautieren	6–7	Pasta, Nudeln, Brötchen	C, D
			Bei 200 °C backen	10–12	Pasta, Nudeln	C
			Köcheln lassen	6–7	Reis	C
			Bei 220 °C backen	15–20	Fritten, Chips	A, B
Rettich	Schälen, halbieren, Enden abschneiden	beides	In der Pfanne sautieren	6-7	Pasta, Nudeln, Brötchen	C
			Köcheln lassen	5	Suppe	B, C, D
			Köcheln lassen	6–7	Reis	C
			roh	entfällt	Salatbeilage, Nudeln	C
Steckrübe	Schälen, halbieren, Enden abschneiden	gekocht	In der Pfanne sautieren	6–8	Pasta, Nudeln, Brötchen	C, D
			Köcheln lassen	5–7	Pasta, Nudeln, Suppe	C, D
			Köcheln lassen	7–10	Reis	C
			Bei 220 °C backen	15–20	Pasta, Nudeln	C, B
Süßkartoffel	Schälen, Enden abschneiden und große Exemplare halbieren	gekocht	In der Pfanne sautieren	6–8	Pasta, Nudeln, Brötchen	C, D
			Köcheln lassen	5–7	Pasta, Nudeln	C, D
			Bei 220 °C backen	10–15	Pasta, Nudeln	C, B
Weiße Rübe	Schälen, Enden abschneiden	gekocht	In der Pfanne sautieren	6–7	Pasta, Nudeln, Suppe	C, D
			Bei 200 °C backen	10–12	Pasta, Nudeln	C
			Köcheln lassen	6–7	Reis	C, D
Zwiebel	Schälen, Enden abschneiden	beides	In der Pfanne sautieren	3–4	Beigabe zu Pfannengerichten, Salat, Suppe	A
			Bei 210 °C backen	15–20	Zwiebelringe oder Fritten	C
			roh	entfällt	Salatbeilage, Krautsalat, Suppe	A, D
Zucchini, grüne und gelbe	Halbieren, Enden abschneiden	beides	In der Pfanne sautieren	2–3	Pasta, Nudeln	Alle
			Köcheln lassen	2	Nudeln, Suppe	Alle
			roh	entfällt	Pasta, Nudeln, Salatbeilage, Krautsalat	Alle

DANKSAGUNG

Während der ersten 26 Jahre meines Lebens folgte ich den allgemein anerkannten Regeln: Sei gut in der Schule, gehe auf ein namhaftes College, suche dir nach dem Studienabschluss einen Job und baue dir eine Karriere auf. Ein paar Monate nach meinem 26. Geburtstag kündigte ich meinen Job und setzte voller Vertrauen auf meinen Traum, diese Welt mithilfe von *Inspiralized.com* zu einem glücklicheren und gesünderen Ort zu machen. Heute, nur knapp zwei Jahre später, bringe ich mit 27 Jahren mein erstes Kochbuch heraus. Kneifen Sie mich bitte, damit ich merke, dass ich nicht träume!

Ohne all die Liebe und Unterstützung meines Umfeldes hätte ich niemals einen solchen Erfolg gehabt, und gewiss nicht in so kurzer Zeit. Ich würde immer noch träumen anstatt zu handeln und bin deshalb den folgenden Menschen ewig dankbar:

Leah Bhabha dafür, dass sie jedes einzelne Rezept in diesem Buch ausprobiert hat, mir rund um die Uhr Feedback zu meinen Texten gegeben hat und von jeglichen Lebensmitteln genauso begeistert ist wie ich. Da wir den größten Teil des Sommers in meiner Küche verbracht haben, sind wir uns meiner Meinung nach einen Trip zum Strand schuldig!

Jedem einzelnen Leser, Anhänger und Fan dieses Kochbuchs – danke, danke, danke. Jedes einzelne »Like« auf meiner Facebook-Seite, jeder retweetete Blogbeitrag von mir und jeder Freund, der mich auf Instagram getaggt hat, hat mich dahin gebracht, wo ich heute bin. Ich fühle mich geehrt, dass ihr genug Vertrauen in mich hattet, um meine Rezepte zu Hause und im Kreis eurer Freunde und Familie auszuprobieren. Danke dafür, dass ihr wirklich »inspiralisiert« seid.

Amanda Englander, die mich als Lektorin durch den Publikationsprozess begleitet hat, danke ich dafür, dass sie alle meine Fragen beantwortet hat (ganz gleich, wie nahe liegend die Antworten waren) und die Veröffentlichung dieses Buches vorangetrieben hat – ich kann es kaum erwarten, es endlich im Regal einer Buchhandlung zu sehen. Natürlich geht mein Dank auch an das gesamte Clarkson-Potter-Team, in meinen Augen echte Vorkämpfer, weil sie schon so früh an mich und mein Buch geglaubt haben. Danke dafür, dass ihr meine Botschaft unters Volk gebracht habt!

Bei Alyssa Reuben bedanke ich mich für ihre Unterstützung auf jedem Schritt meines Weges und ihr Vertrauen in meine »inspiralisierte« Mission, für die sich damals noch niemand wirklich interessierte. Dieses Buch spiegelt ihr Vertrauen in mich wider, und ich bin ewig dankbar, sie als Agentin an meiner Seite zu haben. Eine gute Voraussetzung für viele weitere Bücher! Ganz besonderer Dank gebührt Evan und Marisa Richheimmer dafür, dass sie Alyssa und mich zusammengebracht haben – ihr beiden wart meine ersten Anhänger!

Dankbar bin ich dem ganzen Fotoshooting-Team, das dieses Kochbuch so wunderschön gemacht hat – ich bin immer noch hin und weg. Ich bedanke mich bei Evan Sung für seine unglaubliche Fähigkeit, in Spiralstreifen geschnittenes Obst und Gemüse zu fotografieren, und für seine freundliche, ruhige Art während der ganzen Prozedur. Dank gebührt auch Chelsea Zimmer – sie konnte die Gemüse-Nudeln besser in Szene setzen als ich – und Kaitlyn DuRoss, die nicht nur die Fotos, sondern auch mich gestylt hat (ich finde immer noch Stecknadeln in meinen T-Shirts!).

Und inniger Dank geht an:

Felicia dafür, dass du mir von Anfang an dabei geholfen hast, die Werbetrommel für mein Kochbuch zu rühren. Ich bin stolz darauf, wie fürsorglich und liebevoll du geworden bist, und kann dir gar nicht genug danken, dass du immer für mich da warst, wenn ich Dampf ablassen musste. Danke, dass du mir geholfen hast, im Entstehungsprozess dieses Buches eine

Hochzeit zu planen und dafür, dass du immer meine beste Freundin bleiben wirst. Für mich bist du auf ewig meine »kleine Schwester«.

Meinen Vater dafür, dass du mir beigebracht hat, dass es im Leben keine Abkürzungen gibt, sondern nur harte Arbeit, Einsatz und Entschlossenheit. Ohne dieses Wissen würde ich immer noch an einem Schreibtisch sitzen und einen Job machen, der mich nicht ausfüllt. Du bist der am härtesten arbeitende Mann, den ich je kennengelernt habe, und ich bin dankbar für jede Lebenslektion, die du mir erteilt hast. Ich bin stolz darauf, die Familie als Unternehmerin zu verstärken!

Meine Großmutter Ida – dir danke ich jeden einzelnen Tag dafür, dass du mir die Liebe zum Lesen und Schreiben geschenkt hast, und für die unzähligen Stunden, in denen du mit mir über den literarischen Klassikern gesessen hast. Du hast mir dabei geholfen zu verstehen, wie sich die Wörter miteinander verbinden, auch wenn es manchmal schwierig war. Dein Glaube an Wissen und Bildung hat mir den Weg in dieses hoffentlich nie endende Kapitel meines Lebens geebnet.

Meine Mutter – ich könnte Hunderte Seiten darüber schreiben, wie dankbar ich darüber bin, dass ich dich habe, und könnte dir doch nicht gerecht werden. Es gibt niemanden auf dieser Welt, der mich so sehr ermutigt, unterstützt und so sehr an mich glaubt wie du. Ich bin dir nicht nur ewig dankbar, dass du mich mit dem Spiralschneider vertraut gemacht hast, sondern auch wegen der unzähligen Stunden, in denen wir über einen gesunden Lebensstil gesprochen haben – auch wenn ich das ein oder andere Mal rückfällig geworden bin! Du bist meine beste Freundin und ich schätze es mehr als alles andere, dass ich immer zu dir kommen und über alles reden kann. Sogar als du nicht bei mir warst, hast du mir geholfen, dieses Buch zu schreiben. Nichts erfüllt mich mit größerem Glück als dich stolz zu machen – dieses Kochbuch gehört dir ebenso sehr wie mir. Ich liebe dich.

Meinen Großvater – und zwar nicht nur für jeden einzelnen perfekten Fleischklops, den du auf meinen Teller gelegt hast, sondern auch für deine Stärke, ob du nun als Twen meilenweit durch den Schnee gelaufen bist, um Großmutter den Hof zu machen, oder einen beängstigenden Kampf gegen den Krebs gewonnen hast. Deine Liebe und Lebenslust haben mich immer dazu inspiriert, ein nicht nur durchschnittliches Leben zu führen, das ein Lächeln auf mein Gesicht zaubert – und hoffentlich auch auf deins. Du bist meine erste wahre Liebe und wirst immer mein Poppy sein.

Meine Großmutter Loretta (Grams) – du bist die Seele jeder Feier, trägst das strahlendste Lächeln im Raum zur Schau (und die beste Kleidung) und nimmst an allem den meisten Anteil. Dein Glauben an diejenigen, die du liebst, und dein Vertrauen in sie sind inspirierend, und obwohl du es immer schaffst, an Thanksgiving die Süßkartoffeln anbrennen zu lassen, bist du der bezaubernde Kitt, der alles zusammenhält.

Und an Lu. – Wenn dieses Buch im Handel erscheint, dauert es nur noch vier Monate, bis wir Mann und Frau werden. Du bist die Liebe meines Lebens und ohne dich wäre aus der ganzen Idee zu *Inspiralized* niemals das geworden, was es heute ist. Du hast mich ermutigt, meinen Job hinzuschmeißen und meinen Traum zu leben, und daran geglaubt, dass ich alles schaffen kann. Dein unerschütterlicher Glaube an mich treibt mir die Tränen in die Augen und ich kann es kaum abwarten, den Rest meines Lebens mit dir zu verbringen und dich so glücklich zu machen, wie du mich machst. Du lässt mich nicht nur abheben, sondern hältst mich auch dann oben, wenn ich abzustürzen drohe. Tag für Tag motiviert und inspiriert mich deine harte Arbeit als Unternehmer und ich kann mir niemanden vorstellen, den ich bei dieser Traumreise lieber an meiner Seite hätte. Und am allerwichtigsten: Ich danke dir dafür, dass du gesundes Essen wirklich magst – eventuell stehst du sogar noch mehr auf Zucchini-Nudeln als ich (also, ich bin nicht sicher, aber wer weiß!).

REGISTER

Kursiv gestellte Seitenzahlen verweisen auf Rezeptfotos.

L

M

N

O